볼 영화 없는 날

볼 영화 없는 날

차별을 넘어 차이를 잇는 페미니즘 영화관

쓰담문고 003

초판 1쇄 발행 2022년 1월 20일
초판 2쇄 발행 2022년 7월 20일

지은이   김수진 김시원 황고운
해설   손희정
펴낸이   이영선
책임편집   이현정

편집   이일규 김선정 김문정 김종훈 이민재 김영아 이현정 차소영
디자인   김회량 위수연
독자본부   김일신 정혜영 김연수 김민수 박정래 손미경 김동욱

펴낸곳 서해문집 | 출판등록 1989년 3월 16일(제406-2005-000047호)
주소 경기도 파주시 광인사길 217(파주출판도시)
전화 (031)955-7470 | 팩스 (031)955-7469
홈페이지 www.booksea.co.kr | 이메일 shmj21@hanmail.net

쓰담
003

볼 영화 없는 날
×
차별을 넘어 차이를 잇는
페미니즘 영화관

김수진 김시원 황고운 지음
손희정 해설

서해문집

여성의 눈으로
영 화 를
본 다 면

여러분은 영화를 어떻게 고르시나요? 믿고 보는 배우가 나와서 보러 가기도 할 테고, 영화에 쓰인 음악에 빠져 볼 때도 있을 테죠. 혹은 친구의 소개로, 1000만 명이나 봤다고 하니까 감상했던 영화도 있을 거예요. 넷플릭스를 켜 놓고 화면을 휙휙 넘기다 알고리즘이 추천해 준 영화를 고르기도 하고요. 그렇게 선택했던 영화, 모두 볼 만했나요?

작품성을 인정받던 유명 감독의 신작이 개봉했을 때, 기대에 부푼 마음으로 영화를 보러 갔다가 상영이 끝나기도 전에 뛰쳐나온 경험이 있습니다. 영화가 너무 불쾌해서 도저히 볼 수가 없었거든요. 참 이상합니다. 그 영화는 예술성이 뛰어나다며 각종 영화제에서 상도 많이 받은 영화였습니다. 하지만 누군가에겐 끝까지 보기 힘든 불편한 영화였을 뿐이죠.

많은 관객의 선택을 받아 흥행한 영화들. 그 안에서는 차별과 편견, 혐오가 끊임없이 재현되고 있습니다.

어떤 영화는 모든 주인공이 성인 남성으로 가득 채워져 있어요. 이들은 멋진 자동차를 타고 질주하며 원하는 꿈을 펼칩니다. 여성은 주로 가구와 함께 집 안에 머무르는 모습으로 묘사됩니다. 어떤 영화 속 여성 캐릭터는 문제를 마주했을 때 소리를 지르며 무서워하기만 합니다. 문제를 해결하고 세계를 구하는 영웅은 대부분 남성입니다. 어떤 영화는 동의 없이 마구잡이로 키스를 하며 사랑의 표현이라고 합니다. 잔인한 폭력까지도요. 그러고는 '사회상을 반영했다'며 변명하죠.

하지만 평등과 다양성, 평화와 연대를 말하는 영화도 분명히 존재합니다. 이 책은 성평등 알고리즘으로 '불편하지 않은' 영화 열일곱 편을 선정하고 페미니즘의 관점에서 들여다봤습니다.

여성 감독이 만들었거나, 새로운 여성 캐릭터의 서사를 그리거나, 편견에 균열을 내는 질문을 던지는 여성 영화들입니다. 처음에는 낯설게 느껴질 수도 있습니다. 기존의 영화 속 질서를 탈피하는 생경한 장면들이 펼쳐질 테니까요.

정상과 비정상을 나누지 않는 시선으로 삶을 표현하는 영화들이 여러분에게 어떻게 다가갈지 궁금합니다. 여기저기 숨어 있던 보석 같은 작품을 한 편씩 찾아내는 것만으로도 저희에겐 큰 힘이 되었거든요.

책을 통해 영화를 보는 여러분만의 기준을 만들어 갔으면 합니다. 이는 곧 다채로운 개성을 지닌 영화가 탄생할 동력이 될 거예요. 그렇게 볼 만한 영화가 점점 늘어 가는 세상을 꿈꿔 봅니다.

볼 영화가 없는 그대에게 이 책이 닿길 바라며
김수진 김시원 황고운

차

례

사소할
수 없는
이야기들

1관

힘들고
우울할 땐
손가락을 봐

김수진

〈벌새〉, 2019

'중2병'이라는 말이 있습니다. 방문을 쾅 닫으며 들어가고, 부모에게 소리를 지르며 반항하고, 감정 기복이 심해지는 시기를 가리키는 속어입니다. "중2병에 걸렸다"라며 사춘기를 낮잡아 이를 때 주로 쓰이죠. 청소년기의 불안한 모습은 어른들에게 달갑지 않은 일인 듯합니다. 나아야 하는 병으로 취급하니까요.

사실 낙엽이 굴러가는 것만 봐도 까르르 웃는다거나 새벽에 노래를 들으며 눈물을 흘릴 만큼 주체할 수 없는 감정의 과잉은 어찌 보면 과학적인 변화입니다. 10대 초반에는 뇌가 발달해서 충동과 감정을 조절하는 부분이 넓어지거든요. 그래도 언제까지나 이런 상태로만 지낼 수는 없는 법. 우리에게는 감정을 다스리는 시간이 필요합니다. 기쁘고, 슬프고, 우울한 시간을 직접 겪으며 나를 들여다보고 더 깊게 고민할 기회 말이에요. 혼자 영화를 보면서 위로를 받을 수도 있고, 내 생각을 다른 사람들과 나눌 수도 있죠.

하지만 청소년들은 너무 바쁩니다. 내가 왜 불안하고 외로운지 관심을 갖는 어른도 없습니다. 대신 수학 수행평가를 잘 봤는지, 영어 듣기평가는 몇 개나 틀렸는지만 궁금해합니다. 내 고민은 '그땐다 그래' 하며 다들 겪는 유치한 무언가로 치부됩니다. 학교에 가서 공부하고, 다시 학원에 가서 공부하고, 밤늦게 집에 와 지쳐버린 채로 잠이 드는 일상을 반복하는 우리에게 중2병은 사치입니다. 이렇게 어른이 되어도 괜찮은 걸까요?

여기, 같은 고민을 하는 학생이 한 명 더 있습니다. 영화 〈벌새〉의 '은희'입니다.

위태롭지만 특별할 건 없는

심부름을 하고 돌아온 은희는 콩나물을 든 채 902호 현관문 앞에서 초인종을 누릅니다. 굳게 닫힌 문은 열리지 않습니다. 집에 아무도 없는 걸까요? 엄마를 울부짖듯 외치며 현관문을 쾅쾅 두드려 보지만 묵묵부답입니다. 한 층 위로 올라가 1002호의 초인종을 누르니 그제야 엄마가 나옵니다. 은희의 집은 902호가 아니라 1002호였습니다. 왜 은희는 집을 잘못 찾아갔을까요. 왜 대답 없는 철문을 두들기며 도와달라는 듯이 엄마를 찾았을까요. 왠지 모르게 조마조마하고 어딘가 엉켜 있는 느낌. 〈벌새〉는 그렇게 시작합니다.

중학생 은희의 세계는 첫 장면처럼 위태롭지만 또 특별할 건 없는 일상의 반복입니다. 학교에서는 공부를 못해 성적순으로 나눈 A, B반 중 B반에 속해 있습니다. 선생님은 "나는 노래방 대신 서울대 간다!"라는 말을 구호처럼 외치게 합니다. 친구들과의 관계도 쉽지만은 않습니다. 쉬는 시간을 보내는 방법은 조용히 책상에 엎드린 채 좋아하는 그림을 그리는 것입니다. 남자 친구 지완이 있지만 그마저 바람을 피우며 은희를 배신합니다.

은희는 보통 청소년의 모습을 거울처럼 비춥니다. 우리의 일상을 자연스럽게 떠올리게 하죠. 매일같이 일어나는 온갖 사건과 걱정이 모여 하루가 되고 한 달이 되고 1년이 흐르듯이, 영화의 시간도 열네 살 은희의 고민으로 채워집니다.

차곡차곡 쌓여만 가는 근심에 답답해진 은희는 콜라텍에 가거나 담배를 입에 대며 일탈을 벌입니다. 연애도 하고 노래방까지 다니니 학교 공식 날라리 타이틀을 갖는 건 일도 아닙니다. 다른 애들은 콜라텍 대신 학원을 열심히 다니는데 말이에요. 그럼 문제는 은희에게 있는 걸까요?

은희가 살던 1994년은 폭력에 꽤나 무딘 시대였습니다. 아빠는 공부를 못한다며 은희에게 욕을 하고, 오빠는 은희의 뺨을 올려붙입니다. 엄마는 공부 잘하는 오빠만 감싸고 은희에게는 관심이 없습니다. 귀 뒤에 생긴 혹 때문에 병원에 다닐 때조차도 혼자입니다. 수술을 해야 한다는 이야기를 들은 아빠는 눈물을 흘리지만, 은희는 그런 아빠가 낯설기만 합니다. 학교 선생님은 성적이 떨어지는 것 말곤 딱히 신경 쓰지 않습니다. 물리적인 폭력부터 무관심이라는 폭력까지. 은희를 둘러싼 세계는 전혀 친절하지도 따뜻하지도 않습니다.

은희는 폭력에 맞서 다양한 방법을 써 봅니다. 무시하기도 하고, 피하기도 하고, 대들기도 합니다. 그러나 이내 지치고 말죠. 달라지는 게 없었으니까요. 차라리 그 시간이 빨리 끝나길 기다리며 저항하지 않는 게 낫다는 무력감에 길들여집니다. 내가 자살하면 오빠가 죄책감을 가지려나, 극단적인 생각도 해 봅니다. 하지만 아빠에게 맞아 든 멍을 가리려고 마스크를 쓴 친구 지숙이는 "우리한테 미안해하기나 할까?"라며 체념합니다. 여성 청소년이 버티기에는 혹독한 시절이 아니었을까 합니다.

은희는 날라리보다 벌새에 가까워 보입니다. 세상에서 가장 작은 새, 벌새는 살기 위해 1초에 90번 날개를 파닥입니다. 아무도 봐주지 않는 이 작은 날갯짓은 헤매고, 부딪히고, 상처받죠.

이야기를 들어주는
사람이 있다는 것

숨 막히고 울적한 일상의 폭을 넓혀 준 건 '영지' 선생님입니다. 한문 학원에 새로 온 영지 선생님은 대학을 다니며 마주한 부정의한 현실에 조금 지친 상태였습니다. 그러다 도피하듯이 온 한문 학원에서 은희를 만났습니다. 은희가 봐 왔던 어른들과 조금 달랐죠. 단순히 친절해서만은 아닙니다. 영지 선생님은 은희를 한 명의 '사람'으로 대하는 어른이었습니다.

하루는 은희가 영지 선생님에게 이렇게 묻습니다. "선생님은 자기가 싫어진 적이 있으세요?"

여러분은 여러분 자신이 싫어진 적이 있나요? 방탄소년단은 '너 자신을 사랑하라(LOVE YOURSELF)'며 유엔UN 총회에서 연설까지 했는데, 현실의 나는 빛나는 스타가 아니기에 자신을 사랑하는 게 퍽 힘이 들 때가 있습니다. 은희도 아마 그런 것 같습니다. 잘해 보려고 하지만 뭐 하나 잘되지 않고, 학교에서도 집에서도 나를 사랑해 주는 사람은 없고, 거울 속 나는 비루해 보이기만 합니다. 은희의 질문을 들었다면 저는 겨우 "그래도 너를 사랑해야지. 이겨 내야지" 따위의 케케묵은 충고밖에 해 주지 못했을 거예요. 하지만 영지 선생님은 다릅니다.

"자기를 좋아하기 전까지는 시간이 좀 걸리는 것 같아. 나는 내가 싫어질 때 그 마음을 들여다보려고 해. 이런 마음들이 있구나. 나는 지금 나를 사랑할 수가 없구나."

고통을 아는 사람의 조언은 더 힘이 되고 위로가 됩니다. 우리에게도 영지 선생님처럼 말해 주는 어른이 있으면 어땠을까요. 영지 선생님은 스스로를 좋아하기까지 얼마나 많은 자기혐오를 견뎌 냈을까요.

내가 나를 사랑해야 한다는 건 잘 알지만, 도대체 어떻게 사랑해야 하는 건지 알 수 없을 때가 많습니다. 오빠에게 맞았을 때, 친구가 배신할 때, 성적이 떨어질 때, 옆자리 친구를 미워하는 나를 발견했을 때. 영지 선생님은 그럴 때 솔직하게 내 감정을 꺼내 두라고 합니다. 아, 나는 지금 나를 돌볼 여유가 없구나. 억지로 괜찮은 척하지 않아도 되는구나. 자신이 싫어지는 순간을 벗어나는 방법도 알려 줍니다.

"힘들고 우울할 땐 손가락을 봐. 그리고 한 손가락, 한 손가락 움직여. 아무것도 못할 것 같은데 손가락은 움직일 수 있어."

손가락을 하나 움직일 용기가 있다면, 그 힘으로 팔도 들어 보고, 잠시 주저앉아 있던 몸도 다시 일어설 수 있지 않을까요. 그러다 또 힘들면 쉬었다 가는 거예요. 은희는 영지 선생님에게서 자신을 받아들이는 방법을 배웁니다. 나를 에워싼 억압과 폭력이 내 잘

못이 아님을 깨닫게 되죠.

또 다른 은희를 만나는
순간

은희는 영화 주인공으로 나오기에는 꽤 심심한 캐릭터로 보입니다. 잘난 것도 없고, 숨겨진 능력이 있는 것도 아니고, 멋진 교훈을 주지도 않습니다. 그저 평범한 삶을 살아가는 중학생일 뿐입니다. 고난과 역경을 극복하고 세상을 구하는 기존의 영화들이었다면 이름 없는 엑스트라에 불과했을 겁니다. 열네 살 여성 청소년에게는 압도적인 힘도, 다른 사람들이 관심을 가질 만한 이야기도 없다고 생각하는 사람들이 많으니까요.

이제껏 여성 청소년은 본인만의 이야기를 하는 역할을 맡기 어려웠습니다. 주인공이 꿈을 향해 달려가는 과정에 잠깐 등장하는 조력자일 뿐이었고, 주인공은 대부분 남성이었습니다. 스파이더맨, 배트맨, 아이언맨처럼 지구를 지키는 수많은 '맨'들의 이야기가 그랬듯이요.

하지만 특별하지 않은 은희였기에 〈벌새〉는 〈벌새〉만이 할 수 있는 이야기를 담은 특별한 영화가 되었습니다. 청소년기에 하는 고민들, 그 고민을 풀어 가는 여정이 세밀하게 그려져 있는 건 여성 청소년이 주인공이었기 때문인지도 모릅니다. 영화에서 잘 다루지 않던 시선으로 세상을 바라봄으로써 주목받지 못했던 생각과 감정을 비출 수 있었다는 의미죠. 그래서 가장 보편적인 은희의 이야기는 은희의 시절을 견디고 있는, 견뎌 낸 모두에게 위로를 줍니다.

"누구라도 널 때리면 어떻게든 맞서 싸워."

오빠의 폭력에 괴로워하는 은희에게, 영지 선생님은 이렇게 말했습니다. 단순히 이 상황에 한정된 말은 아닙니다. 그 누구도 우리를 괴롭힐 권리는 없다는 뜻일 거예요.

물론, 어른이 되어도 질 때가 많습니다. 다 싸워 이길 수 있을 것 같다가도 두렵고, 그냥 울어버리고 싶기도 하죠. 그래도 괜찮습니다. 영지 선생님도, 은희도 그랬을 테니까요. 나쁜 일이 닥치면서도 기쁜 일들이 함께할 거고, 우리는 늘 누군가를 만나 무언가를 나눌 겁니다. 나만의 세계를 펼치면서 말이에요.

우리 집은
진짜
왜 이럴까?

황고운

◇◇

〈우리집〉, 2019

가끔 이런 생각 해 봤을 거예요. TV에 나오는 가족은 정답기만 하고, 친구들도 가족과 사이좋게 지내는 것 같은데 우리 가족은 왜 이렇게 상처를 줄까.

부모님의 난폭한 말과 행동이 무섭고, 형제자매와 크게 다퉈 속상하고, 오랫동안 침묵에 잠긴 집이 원망스럽고, 누구보다 내 편이어야 할 가족이 남보다 못한 것 같다는 야속한 마음.

그런 마음이 드는 이유를 곰곰이 살펴보면, 우리에게 '집은 화목한 보금자리'라는 인식이 강하게 남아 있어서인 듯합니다. 드라마만 봐도 그래요. 아무리 큰 갈등을 겪는 가족이라도 결국 슬기롭게 해결하고 위로와 응원, 도움을 주고받으며 행복하게 살죠. 하지만 사람이 어울려 지내다 보면 항상 좋을 수 없고 친해지지 않는 사이가 있듯이, 가족 역시 서로 멀어질 수 있습니다. 그런데도 가족은 화목해야 한다는 생각에 잘 지내려고 노력하다가 더 깊이 괴로워하게 됩니다.

〈우리집〉의 첫 장면에는 그렇게 애쓰는 열두 살 소녀가 등장합니다. 날마다 격하게 말다툼하는 부모님 눈치를 보며 가족의 식사를 직접 차리는 '하나'입니다. 같이 밥 먹는 시간을 마련해 분위기를 풀어 보려 하지만 식탁에 모여 앉는 모습은 좀처럼 볼 수 없습니다. 어릴 때 가족 여행을 다녀온 뒤 사이가 좋아졌던 기억이 있어, 여행을 가자고 졸라 봐도 들어주지 않습니다. 살가운 말투와 행동으로 가족에게 다가가는 하나의 밝은 표정에서는 '우리 가족이 깨지면 어떡하지'라는 걱정이 비칩니다.

내가 잘한다면
괜찮아질까

사전에선 가족을 '혼인, 혈연, 입양 등으로 이루어진 집단'이라고 설명합니다. 그러나 사람들은 대체로 '아빠와 엄마, 자녀 한두 명으로 구성된 혈연관계'를 떠올립니다. '정상가족 이데올로기'라고 하는데, 이런 인식에 익숙해지면 다른 형태의 가족을 '비정상'으로 여길 수 있습니다. 문제는 또 있습니다. 가족이 사회의 고정관념에 따라

성 역할을 맡게 된다는 것입니다. 남성인 아버지가 직장과 사회생활을 주로 담당하고 여성인 어머니는 집안일과 가족을 돌보는 일을 도맡는 식이죠.

이런 분위기 속에서는 맞벌이를 할지라도 여성이 양육이나 가사노동에 사용하는 시간이 비교적 더 많아지고, 업무가 많아 바빠지기라도 하면 엄마는 아이에게 더 많이 신경 써 주지 못한다는 죄책감을 느끼게 되죠. 〈우리집〉에서도 하나의 엄마는 일에 치이면서도 자녀들의 정서적 불안을 자신의 탓으로 돌리고 힘들어합니다. 하나 역시 '내가 잘한다면'이라는 생각과 '내가 잘못해서'라는 생각을 오가면서 어떻게든 가족을 이으려고 노력합니다. 사회가 말하는 '엄마의 역할'인 요리를 통해서요.

언제나처럼 홀로 마트에 간 날, 하나는 우연히 '유미'와 '유진'을 만납니다. 이 자매는 사정이 있어 부모와 떨어져 지내고 있습니다. 대신 돌봐 주는 삼촌도 거의 집에 들어오지 않아서 둘만 있는 시간이 많습니다. 자연히 셋은 자주 만나 친해집니다. 장을 보고 자매가 사는 옥탑방에서 오므라이스를 해 먹습니다.

가족의 다른 이름인 식구食口는 한집에 살며 밥을 함께 먹는 사이를 말하죠. 영화를 보다 보면, 이들이 식구 같다는 생각이 들 거예요. 같이 식사하는 일은 이야기 전체를 통틀어 이 세 사람만 하는 행동이니까요.

아픈 유진을 간호하고 가족이 행복하게 사는 꿈을 담은 종이 상자 집을 만들며 놀기도 합니다. 따뜻한 시간 속에서 서로를 의지하고 위로하는 사이가 되니, 혼자였다면 주저하고 무기력했을 순간에 용기를 냅니다. 집을 보러 온 어른들에게 엉망으로 어지른 방을 보여 줘서 유미네 옥탑방이 팔리는 걸 막죠.

영화에서 소녀들은 보통 서사와 흥행을 위해 이용되는 캐릭터일 때가 많습니다. 납치되기도 하고 성적 위협에 빠져 구출을 기다리는 모습으로 그려져요. 하지만 〈우리집〉 속 소녀들은 조금 다릅니다. 꾀를 내서 결국 집을 사수합니다. 아주 경쾌한 태도로요. 소녀들의 '진짜' 모습은 어느 쪽에 더 가까울까요?

실제로 제가 학교에서 마주하는 소녀들은 저마다 담대하게 문제를 해결해 냅니다. 모둠 과제를 하다 말썽이 생겼을 때, 친구와 사소한 오해로 다퉜을 때, 교실에 은근한 따돌림이 일어날 때마다 열심히 궁리하고 동료를 찾아 난관을 헤쳐 나갑니다. 이 영화의 주인공들처럼요!

상자로 만든 집이라도

한편 유미는 깔끔한 집에 살며 가족 여행도 갈 수 있는 하나를, 하나는 부모님과 떨어져 있긴 해도 사이좋아 보이는 유미·유진을 부러워하는 눈치입니다. 여행을 다녀올 만큼 넉넉한 형편, 크고 깨끗한 방, 오순도순한 관계. 이런 것들이 있어야 '좋은 집'이라고 생각하기 때문이겠죠.

그렇게 본다면 세 친구에겐 집이 없는 거나 마찬가지입니다. 울타리가 없으면 삶을 꾸려 나가기 힘든 어린이들의 불안은 상자로 집을 만드는 장면이 자주 등장하는 데서 짐작할 수 있습니다. 부모님이 헤어질 수도 있다, 살던 집에서 쫓겨날지도 모른다고 생각하면서 얼마나 두려웠을까요.

옥탑방이 곧 팔릴 기세를 보이자, 하나는 유미에게 부모님을 찾으러 가자고 합니다. 유진이까지 데리고 무작정 출발했다가 버스를 잘못 타 길을 잃습니다. 불안해진 둘은 다투기 시작합니다. 유미는 '언니가 다 망쳤다'며 언성을 높이고, 부모님이 이혼할 것 같아 두려웠던 하나는 "그냥 이사잖아, 별것도 아닌 걸 가지고" 하고 대꾸합니다. 자꾸 이사 다니느라 가족이 흩어져 살지만 그렇게라도 유지되는 유미네가 좋아 보여 괜스레 부아가 납니다.

한바탕 옥신각신하고 난 뒤, 소녀들은 바닷가에서 빈 텐트를 발견하고 하룻밤을 보냅니다. 나란히 누워 걱정을 털어놓고 엉켜 있던 감정들을 풀어 나갑니다. '여기서 물고기 잡아먹고 우리 같이 계속 살자'며 도란도란 이야기 나누는 표정이 한결 밝습니다. 우리 집을 지켜야 한다는 부담을 내려놓아 마음이 후련해진 것이겠죠. 차

츰 가족이 처한 현실을 담담히 받아들일 힘도 생겼을 테고요. 그래서 집으로 돌아갑니다. 이들의 화해는 동등하게 말하고 존중받는 사이, 끈끈하고 다정한 지지가 가족의 핵심이라고 이야기합니다.

가족 문제를 언제나 원활하게 해결하진 못한다는 걸 우리 모두 알고 있습니다. 어쩌면 그날 밤, 세 사람은 '원가족' 안에서 찾으려고 노력했던 안정과 행복을 서로에게서 찾은 게 아닐까요. 소녀들을 보면서 깨닫게 됩니다. 가족에게 받은 상처를 가족 안에서 해결하기 어려울 땐, 가족 바깥의 사람들과 교류하고 소통하며 조금씩 치유하는 것이 좋은 방법일 수 있다는 것을요.

각자의 온도로
다정한 세계

소녀들의 여정을 함께했다면 이제는 가족의 의미를 넓혀 가야 할 필요가 있다고 느꼈을 거예요. 다양한 관계의 사람들로 구성된 '대안가족'이 있는 이유도 이해할 수 있고요. 여러 형태의 가족을 있는 그대로 받아들이는 사회가 된다면 하나와 유미, 유진은 가족 안에서도 안정을 찾아 나갈 수 있겠죠. '가족은 이런 모습이어야 한다'는 생각을 내려놓을 테니까요.

가족의 정의는 서서히 바뀌는 중입니다. 2021년 4월 여성가족부는 가족의 범위를 확대해 법을 개정하겠다는 내용을 발표했습니다. 혼인이나 혈연관계가 아니지만 서로를 돌보고 있는 이들이 국가의 보호를 받을 수 있는 방법을 찾기로 했어요. 또 최근 결혼하지 않고 정자를 기증받아 출산한 연예인의 사례를 고려해, 여성이 비혼 상태에서 단독으로 출산하는 일을 뒷받침하는 정책도 논의할 계획이라고 합니다.

이러한 흐름을 타고 많은 사람들이 '생활동반자법'을 제정해야 한다고 말합니다. '특정한 한 명과 동거하며 부양하고 협조하는 관계를 맺고 있는 성인'에게 전통적인 가족이 받는 것과 동등한 지원을 해 주는 법이죠. 수십 년 넘게 함께 지내 왔어도, 법이 보호하는 가족의 형태가 아니면 위독한 환자의 보호자가 될 수 없고 사망한 사람의 장례를 치를 수 없는 경우가 많이 있거든요. 기존의 가족 개념을 확장해 더 다양한 가족들이 국가의 보호를 받으며 살 수 있게 하자는 제안입니다.

조심스레 꿈꿔 봅니다. 우리 사회가 '정상가족'을 넘어 서로를 돌보고 사랑하며 더불어 사는 다정한 공동체가 되는 미래를요.

당신을
돌보러 왔어요

김시원

〈툴리〉, 2018

감당하기 어려운 현실을 마주하면 마법 같은 일이 벌어지기를 기대할 때가 있습니다. 호박이 마차로, 해진 옷이 화려한 드레스로 변하는 달콤한 상상이죠. 언젠가는 마법이 풀리고 현실로 돌아와야 한다는 사실을 알면서도요.

〈툴리〉의 '마를로'는 아이들을 돌보느라 지칠 대로 지쳤습니다.

남편은 직장에 다니느라 늘 바쁘고 출장도 잦아 집을 비우는 일이 많습니다. 두 아이의 등교와 학교생활, 온갖 집안일 그리고 갓 태어난 셋째를 키우는 일까지 모두 그의 몫입니다. 매일매일 이어지는 가사노동, 자책과 무기력, 우울과 분노는 마를로를 잠식한 지 오래입니다.

그는 이따금 인어가 되는 꿈을 꿉니다. 꿈속에 인어가 등장하기도 하고 어린이 애니메이션 속 주인공이 인어로 변신하는 모습을 물끄러미 바라보기도 합니다. 인어는 넓은 바다를 자유롭게 헤엄칩니다. 철창도 족쇄도 없죠. 마를로는 인어처럼 마음껏 물속을 가르고 싶어 하는 듯합니다.

그러던 어느 날, 마법 같은 일이 일어납니다. 야간 보모 '툴리'가 찾아온 것입니다. 툴리는 원래부터 해 왔던 일인 양 능숙한 솜씨로 아이를 재우고 밀린 빨래도 척척 해결합니다. 게다가 마를로의 마음을 어찌나 잘 아는지 말동무가 되어 줍니다. 툴리를 만나고 마를로의 삶에는 조금씩 여유가 생깁니다.

하지만 툴리는 인어가 헤엄치며 일으킨 물거품처럼 사라집니다. 마를로가 힘든 현실을 버텨 내기 위해 만든 환영이었거든요. 더 정확히 말하자면 젊은 시절의 마를로였죠.

마를로들의 탄생

흔히들 임신과 출산을 '축복'이라고 이야기합니다. 아이는 새로운 인식의 지평을 열어 주고 전에 느껴 본 적 없는 행복을 안겨 준다고 하죠. 그런데 임신과 출산 이후 시작되는 육아는 여성에게 '행복한 지옥'이 되곤 합니다. 아침부터 저녁까지 아이들의 식사를 준비하고, 우는 아이를 달래고, 청소하고, 기저귀를 가는 일을 반복하고 또 반복하는 마를로의 모습에서 알 수 있습니다.

혼자만의 시간은커녕 잘 시간도 부족한 그에겐 활력이라곤 없습니다. 늘 공허한 표정을 짓고 있는데다 쉽게 화를 내거나 소리를 지릅니다. 마를로는 '산후 우울증'을 앓고 있는 것으로 보입니다.

예전의 그, 그러니까 튤리는 긍정적이고 쾌활한 사람이었습니다. 자신이 무엇을 원하는지 명확히 알고 있었고 어딘가에 얽매이지 않고 행동했죠. 지금의 변화는 너무나 극단적이어서 마를로의 오빠가 '동생을 잃어버린 기분'이라고 할 정도입니다.

출산을 전후로 우울을 느끼는 여성은 많습니다. 삶의 의욕이나 가치를 느끼지 못하고 이유 모를 죄책감에 시달립니다. 집중력이 떨어지고 감정을 조절하기 어려워 자주 울기도 합니다. 육아에 대한 부담, 배우자의 무관심 등이 원인입니다.

세상과 점점 단절되는 데서 오는 자아 정체성의 혼란이나 상실

감도 무시할 수 없습니다. 인간은 사회적 동물이라고 하죠. 다른 사람과의 관계 속에서 자신의 존재를 확인하는 일이 무척 중요합니다. 여러분이 친구들에게 사랑받고 부모님, 선생님에게 인정받을 때 만족감을 느끼듯이 말이에요. 어른도 마찬가지랍니다.

아이가 태어나면 일상이 아이를 중심으로 돌아갑니다. 사람들을 만나기 어려워지고 출산 후 복직하더라도 아이가 입학하면 신경 써야 할 일들이 불어나 직장을 그만두는 경우가 많죠. 사회에서 뒤처지거나 고립되었다는 불안감을 느끼기 쉽습니다.

마를로는 인사과에 근무하는 직장인이었습니다. 그러다 셋째를 임신하며 휴직하게 됩니다. 아마 첫째와 둘째를 임신했을 때도 상황은 비슷했을 겁니다. 매번 자신의 삶을 소진해서 아이를 키워 왔죠. 툴리가 환영이었다는 사실이 밝혀지는 장면은 경악스럽다 못해 슬프기까지 합니다. 홀로 이 모든 일을 다 해 왔던 거라니, 얼마나 힘들었을까요? 더 슬픈 사실은 영화 속 풍경이 엄마들의 평범한 현실이라는 점입니다.

바깥은 너무나 평화

마를로가 두 아이를 등교시키려고 주차장에 차를 대려는데 둘째 아이가 소리를 지르며 발을 쾅쾅 구르기 시작합니다. 평소 이용하던 주차장이 아니라는 이유였죠. "다른 주차장에 가!"라며 고함을 지르는 둘째의 소리와 엄마가 어떻게 좀 해 보라며 울부짖는 첫째의 소리가 뒤섞여 차 안은 난장판이 됩니다.

금방이라도 울 것 같은 표정의 마를로를 지켜보던 카메라는 순간, 주차장을 넓게 비춥니다. 차 안과 대비되는 고요한 적막. 차 밖의 풍경은 너무도 평화롭습니다. 마를로의 삶을 송두리째 뒤흔드는 거대한 문제가 밖에서는 보이지 않습니다.

여성의 정치적 권리를 주장하는 페미니스트들의 긴 투쟁 끝에 여성도 참정권을 얻게 되었지만, 일상에서 경험하는 차별은 해소되지 않았습니다. 월경, 임신과 출산, 육아의 어려움 같은 문제는 여전했습니다. 그런데도 가정 안에서 또는 사적인 영역에서 벌어지는 일이라는 이유로 공론화되지 못했죠. 많은 여성들은 마를로처럼 혼자서 이겨 내야 했습니다. '엄마'라는 역할에 갇힌 채로요.

이러한 문제의식을 바탕으로, 페미니즘 운동은 '가장 개인적인 것이 가장 정치적인 것이다'라는 구호를 외치기 시작합니다. 이 구호는 혁신적이었습니다. 나만 겪는 사소한 일인 줄 알았던 게 세상의 절반이 경험하는 사회적·정치적 문제임을 알렸습니다. 당연히 여기던 일들을 낯설게 바라보게 만들었습니다. 눈에 보이지 않던 차별에 이름을 붙였습니다.

여성이 육아를 하며 어려움을 겪는 건 가정에 문제가 있거나 개인에게 결함이 있어서가 아닙니다. 마를로네 둘째 조나는 소리에 민감한 어린이입니다. 작은 소리도 굉장히 무서워해서, 공중화장실에 들어갔다가 다른 사람이 물 내리는 소리에 화들짝 놀라 소리를 지르죠. 마를로도 조나를 달래고 싶지만 어떻게 해도 금방 진정하지 않습니다.

우리나라였다면 이런 말을 들을 수도 있습니다. '맘충'. 자녀를 잘 돌보지 못해 민폐를 끼치거나 자기 아이만 중요하게 생각해서 이기적으로 구는 여성을 비하하는 말입니다.

주변에 피해를 주는 엄마가 '맘충'이라면, 엄마들은 집 밖을 나서자마자 '맘충'이 될 수밖에 없습니다. 어린이는 가만히 있지 않습니다. 소리 내고 움직이는 존재입니다. 사회의 규칙을 배워 가고 있습니다. 어린이가 갑자기 울거나 뛰어다니는 통에 주목을 받는 일은 어린이와 함께 외출한 보호자라면 누구나 경험할 수 있는 상황입니다.

'맘충'은 무례한 사람들이 자신을 돌아보게 만들지 않습니다. 이 혐오표현은 사람들이 손쉽게 엄마라는 존재를 멸시하게 만듭니다. 엄마들은 '맘충'이 될까 봐 스스로를 검열하고 작은 실수에도 아이를 질책하게 됩니다. 외출 한 번 하려면 큰 결심이 필요할 만큼 위축되죠.

사회적 맥락을 지워버리기도 합니다. 울고 떼쓰는 어린이 옆에 엄마들이 자주 보이는 건 대부분의 가정에서 육아가 여성의 몫이 기 때문입니다. 수유실이 없는 일반 식당이나 카페에서는 다른 사 람들이 보는 앞에서 급히 기저귀를 갈거나 모유 수유를 할 수밖에 없습니다. 육아를 혼자 감당해야 하는 불합리한 상황, 아이를 기르 기 어려운 환경을 이야기하지 못하고 무책임하고 무능력한 엄마라 는 이미지만 남깁니다.

울고 있는 조나를 본 한 선생님은 이 어린이가 진정할 수 있게 도와줍니다. 미안하다며 자리를 뜨려는 마를로에게는 이렇게 말하 죠. "사과하실 거 없어요. 안 가셔도 되고요. 잘못한 거 없잖아요." 여성에게는 이런 세상이 필요합니다.

부분만 고칠 순 없다

제대로 된 휴식 없이 하루 종일 아이를 돌봐도 '맘충'이 되는 나라 에서 출산과 육아의 어려움을 비껴갈 수 있는 사람이 있을까요?

문화권은 다르지만 〈툴리〉와 데칼코마니처럼 닮은 영화가 있습 니다. 〈82년생 김지영〉입니다. '지영'은 결혼 전 마케팅 회사에서 일 하며 능력을 인정받은 인재였습니다. "아이를 낳아도 잘 해 나갈 수 있어요" 하고 당차게 말했지만, 현실은 녹록하지 않았습니다. 아이 는 누군가의 손길을 필요로 했고 결국 지영은 꿈을 포기해야 했습

니다. 그러면서 자신도 모르는 사이 우울증을 앓게 됩니다.

영화는 지영이 겪는 일이 사회적인 사건임을 '빙의'라는 소재로
보여 줍니다. 그는 친한 선배로, 엄마로 빙의되는데 이들 모두 여성
이기에 자신을 희생해야 했던 인물들입니다. 친한 선배는 아이를
낳다 죽었고, 지영의 엄마는 남자 형제를 뒷바라지하느라 자신의
삶은 뒷전이었습니다.

지영이 다른 여성의 목소리를 낼 때, 지영의 고통은 개인적인 감
정이 아니라 여성이기에 겪었던 문제라는 점이 드러납니다. 이를
자신의 노력으로 해결하는 사람이 있을 수 있어요. 그러나 아주 희
박한 확률의 마법 같은 일입니다. 문제를 해결하려면 사회 제도와
구조를 바꿔야 합니다. 그리고 그 시작은 여성들의 삶을 들여다보
고 이야기를 듣는 일입니다.

마를로와의 첫 만남에서 툴리가 말했던 것처럼요. "당신을 돌보
러 왔어요." 사적인 일로 치부되어 왔던 영역에 스포트라이트가 비
춰지는 순간입니다.

도전하는
몸의
아름다움

2관

너 혼자
이기는 게 아니야

황고운

<〈당갈〉, 2016
〈야구소녀〉, 2020

어릴 땐 운동장이 싫었습니다. 체육 수업도 좋아하지 않았어요. 저와 비슷한 여학생이 많았나 봐요. 중학생쯤 되니 운동장에서 뛰거나 공을 굴리는 사람은 대체로 남학생이었습니다. 어쩜 그리 재미있게 뛰는지, 수돗가에서 어찌나 편하고 시원하게 땀을 씻어 내는지 신기했습니다. 자주 운동을 하니 운동 실력도 좋았겠죠? 그 모습을 지켜보며 남학생이 여학생보다 운동을 더 잘하는 건 당연하다고 생각했습니다.

지금은 조금 다르게 생각해요. 운동을 무척 즐기거든요. 태권도, 헬스, 수영, 등산, 크로스핏, 클라이밍…. 운동이 이렇게 재밌는 줄 몰랐습니다. 저는 운동 자체를 싫어하는 것이 아니라 운동하는 과정에서 생기는 불편함이 싫었던 것뿐이었습니다.

어떤 불편함이 있었냐고요? 운동장에서는 주로 피구, 배구, 축구, 농구를 했는데 공으로 하는 모든 놀이에 익숙하지 않아서 재미가 없었습니다. 초등학교 때부터 꾸준히 친구들과 공놀이를 했다면 좀 더 능숙했을 텐데 말이에요. 땀을 흘리는 게 불쾌하기도 했어요. 외모에 관심이 높았던 시절이라 냄새가 날지도 모른다, 앞머리가 망가질지도 모른다는 생각에 불안했던 것 같습니다. 가슴이 나오기 시작한 시기와도 맞물려 있습니다. 뛰면 가슴은 자연히 흔들리기 마련인데 그럴 때 생기는 통증을 참으면서까지 뛰고 싶지 않았고, 가슴을 바라보는 동급생들의 얄궂은 시선도 거북했습니다. 스포츠의 재미를 한껏 즐기기에는, 다양한 장애물이 있었습니다.

스포츠는
남자들의 영역?

〈당갈〉은 여성이 다양한 스포츠를 자유롭게 경험하기 힘든 또 하나의 이유를 보여 주는 영화입니다. 바로 '스포츠는 남자들의 것'이라는 통념이죠.

힌디어로 '레슬링 시합'을 뜻하는 〈당갈〉은 인도에서 레슬링 하는 두 소녀의 실화를 바탕으로 합니다. 인도, 소녀, 레슬링. 조금 낯선 조합일까요?

국제대회에 여성 레슬링 종목이 정식으로 채택된 건 1987년입니다. 주인공 '기타'와 '바비타'는 2010년에 메달을 따냈죠. 그 시작은 두 자매가 또래 남자아이들을 주먹으로 때려눕힌 어느 날이었습니다. 레슬러가 꿈이었던 아버지 '마하비르'는 이 사실을 알고 딸들을 레슬링 선수로 등록시켜 경기를 치르게 하겠다는 목표를 세웁니다. 쉬운 일은 아니었어요. 요리 대회에나 참가시키라는 조롱을 들어야 했습니다.

기타와 바비타 스스로도 여성이 레슬링을 하는 게 이상하다고 생각했어요. 다리를 드러내고 반바지 차림으로 뛰는 것, 짧게 커트를 하는 것, 보석으로 치장하지 않는 것이 전부 어색했습니다. 동네 어른들이 우스꽝스러워하며 쳐다볼 때면 숨고 싶고 연습을 하기 싫어 아버지에게서 탈출할 기회만 찾아 헤맵니다. 그러다 친구 결혼식 피로연에 몰래 참석한 일로 크게 혼난 밤, 친구의 말에 생각을 바꾸게 되죠.

"너희 아버지는 적어도 너희를 딸로 생각하시잖아. 집안일만 가르치고 이렇게 열네 살에 얼굴도 모르는 상대와 결혼해서 아이 낳아 기르는 게 여자의 일이라고 생각 안 하시잖아! 비웃음 사며 세상과 싸우는 중이셔. 그래야 너희에게 미래와 인생이 생기니까."

〈야구소녀〉의 '주수인' 선수 또한 비슷한 어려움을 겪습니다. 한국 프로야구에는 여성이 뛸 자리가 없어서 고등학교 야구부에서도 여자 선수를 키우지 않았거든요. 당연히 프로야구 입단 테스트에 도전하는 여자 선수는 있을 수 없었죠. 수인은 예외적으로 고교 야구부에서 활동했지만 프로야구단의 편견을 깨기는 어려웠습니다. 많은 코치가 여자의 입단은 규정에 없다며 생소해했고, 수인의 실력을 눈여겨본 구단에서도 수인을 프로 선수로 받아들이지 않습니다. 대신 '생활 스포츠 영역을 넓히기 위한' 여자 야구팀을 새로 만들어 영입하겠다고 제안하죠. 여자 선수를 정식으로, 프로 스포츠의 일원으로 여기지 않은 거예요. 차별적 인식 때문에 생겨난 반쪽짜리 제도가, 다시 차별을 만드는 구조가 되어버리는 악순환이 반복됩니다.

실력을 기를 수 있는 동등한 발판을 만드는 건 무척 중요합니다. 도쿄올림픽에서 양궁 3관왕을 기록한 안산 선수도 여자 양궁팀을 창설한 덕분에 탄생할 수 있었죠. 안산 선수가 다녔던 초등학교는 남자 선수만 육성하고 있었어요. 여자 선수를 육성하는 다른 학교에 전학해서 배우라는 권유를 받았지만, 안산 선수는 '저도 꼭 이 학교에서 양궁을 배우고 싶다'고 요구했습니다. 덕분에 여자 양궁팀이 신설되었습니다. 그 초등학교는 지금까지 남녀 팀을 같이 운영하고 있고요. 모두를 위한 기회를 마련하는 일은 누군가 금메달리스트의 꿈을 꾸게 합니다.

몸의 감각을
확장하는 짜릿함

신체를 직접 움직이거나 움직이는 모습을 보는 건 퍽 매혹적입니다. 삐걱대던 몸이 점차 유연하고 강해지며 불가능해 보이던 일을 해내는 과정은 짜릿함을 주죠. 스포츠는 몸의 감각을 확장해 나가고 도전 정신을 키우는 경험이라 할 수 있어요. 내 몸이 무엇을 잘하고 어려워하는지 이해하고, 끈기를 갖고, 실력이 향상되는 기쁨을 맛보고, 타인과 협력해 목표를 달성하는 즐거움을 누리게 합니다.

그런데 1960년대까지만 해도 여성의 몸으로 42.195킬로미터나 달리는 건 부적합하다고 생각했습니다. 보스턴 마라톤은 여성의 참가를 공식적으로 금지해버렸죠. 캐서린 스위처는 성별을 숨겨 출전했지만 이를 눈치챈 대회 관계자가 그를 밖으로 끌어냈습니다. 이 사건이 조명받으며 1972년부터는 여성들도 경기에 나갈 수 있게 되었습니다.

테니스는 어떨까요? 1973년 세기의 대결이 열렸어요. 남자 테니스 세계 1위였던 바비 릭스가 '여성 테니스 경기는 남성 경기보다 열등하다'고 주장하자, 빌리 진 킹이 이를 반박하기 위해 경기에 나선 것이죠. 결과는 킹의 3-0 완승. 덕분에 여성 테니스를 바라보는 시선이 달라질 수 있었습니다.

한편 여성 서퍼들은 오랫동안 들러리처럼 여겨졌습니다. 서핑대회에 비키니를 입지 않고 출전해서 후원이 끊기는 사례가 있었고, 남성 서퍼에 비해 터무니없이 적은 상금을 받았어요. 거의 절반밖에 되지 않는 상금을 받던 관행은 강한 항의에 2018년 이후 개선되었습니다.

우리나라도 사정이 별반 다르지 않습니다. 여자 배구의 샐러리 캡(팀 연봉 총액 상한선)이 23억인데 남자 선수들보다 8억이나 낮은 금액입니다. 좋은 선수를 발굴하고 양성하기 위해 성차별적 인식부터 바꿔야 하니 갈 길이 멉니다.

여자가 남자들만 있었던 영역에 들어오는 건 굉장히 이질적인 현상으로 간주되었습니다. 사람들은 낯섦을 넘어 불쾌함을 느끼고 불만을 터뜨렸습니다. 여성의 능력을 의심하거나 낮게 평가하며 같은 선수로 존중하지 않았죠. 처음으로 레슬링 경기장에 오른 기타에게는 "지고 싶은 상대를 골라" "예쁘네" "옷이 찢어지면 안 될 텐데" "그럼 더 좋지" 같이 무시와 성희롱을 담은 말들이 쏟아집니다. 수인에게도 마찬가지예요. "여자 중에선" "여자치곤 잘한다"처럼 여성임을 강조하는 표현들을 씁니다. 하지만 스포츠의 역사를 돌이켜 보면 여성들은 금기에 도전하며 영역을 확장해 왔어요. 스포츠 속 여성이 낯설다면, 더 많은 여성이 스포츠를 즐기는 환경에 익숙해지게 만들면 되는 것 아니겠어요? 여성이 스포츠를 못하게 하는 게 아니라요.

모든 소녀를 위한 싸움

여성 운동선수들이 만들어 가고 있는 성과는 고정관념과 사뭇 다릅니다. 아테네올림픽부터 평창올림픽까지, 역대 올림픽에 출전한 한국 선수 중 여성은 27퍼센트에 불과하지만 메달을 획득한 선수의 46퍼센트가 여성이죠. 스포츠의 꽃 올림픽은 남성의 전유물이 아닙니다.

마하비르는 대회를 앞둔 기타에게 말합니다. "내일 이기면 너 혼자 이기는 게 아니라 저 수많은 소녀가 너와 함께 이기는 거다. 남자들에게 무시당하고, 강제로 집안일을 하고, 시집가서 아이만 키워야 할 모든 소녀를 위한 우승이지. 여자를 무시하는 모든 사람과 싸우는 거니까." 주수인 선수의 코치도 비슷한 말을 해요. "신입생 책상에 온통 네 사진이래. 네가 있어서 지원할 수 있었던 거야."

편견과 싸운 선수들이 앞서고, 뒤따르는 소녀들이 있습니다. 수많은 기타와 수인이 있었기에 변화가 일어났죠. 1896년 제1회 아테네올림픽에는 여자 선수가 단 한 명도 없었답니다. 여성의 출전을 금지했기 때문입니다. 하지만 2021년에 열린 도쿄올림픽의 여성 선수 비율은 49퍼센트입니다. 국제올림픽위원회(IOC) 집행위원 3분의 1이 여성이고요. 숫자만으로 평등해지고 있다고 말할 수는 없지만, 이에 힘입어 의사 결정을 하는 코치, 임원, 심판에 여성이 있어야 한다는 이야기가 많아지고 있어요.

엉터리 제도를 바꾸려는 노력도 활발합니다. 노르웨이 여자 비치 핸드볼 선수들은 짧은 삼각 비키니 팬티를 입어야 한다는 규정을 어기고 반바지 복장으로 대회에 나왔습니다. 결국 징계를 받았지만 노르웨이 핸드볼협회는 물러서지 않았어요. 선수들 편에 서서 규정을 비판했고 비키니 착용 의무는 사라졌습니다. 독일 여자 기계체조 대표팀은 수영복 같은 레오타드 대신 전신을 가리는 유니타드를 입고 올림픽 경기를 치렀습니다. 월경을 시작하고 사춘기를 맞은 어린 선수들이 노출이 심한 레오타드를 불편해하고, 옷 때문에 성적인 농담의 대상이 되는 일을 개선하려는 의도였습니다. 성평등과 여성의 권리를 요구하는 목소리가 성차별적 통념을 뚫고 나온 거예요.

편견을 갖고 배제하기보다 동등한 선수로 대하고, 서로 겨루면서도 기회의 평등을 위해 함께 차별에 도전하는 것, 이것이 스포츠의 정신일지도 모르겠습니다. 물론 도전 정신이 스포츠에만 있는 건 아니랍니다. 어떤 분야든 여러분의 길이 될 수 있죠. 어떤 길을 나아가든, 성별이 장벽이 되지 않기를 바라요. 자신을 굳게 믿어 보길 바라요. 기타와 수인처럼!

이게
나예요!

김시원

◇◇

〈아이 필 프리티〉, 2018

피트니스센터 안. 열심히 사이클을 타던 여성이 발을 헛디뎌 미끄러집니다. 넘어지면서 다른 사이클에 머리를 세게 부딪혀 이내 정신을 잃습니다. 잠시 후 깨어나 몸 구석구석을 만져 봅니다. 믿을 수 없다는 듯 거울 앞으로 걸어가더니 감격에 겨워 소리를 지릅니다. "나… 예뻐졌어!"

〈아이 필 프리티〉의 '르네'입니다. 그는 이 사고로 꿈꿔 왔던 상상 속의 미인이 되었습니다. 혼자만의 착각일 뿐 실제로는 아무것도 바뀌지 않았지만요. 웬 이상한 사람인가 싶겠지만 지극히 평범한 인물입니다.

르네는 늘 예뻐지기를 갈망했습니다. 거울을 들여다볼 때마다 영 마땅찮은 표정을 짓곤 했습니다. 거울 속에 있는 사람이 자신이라는 걸 믿고 싶지 않은 듯 말이죠. 반면 멋지고 아름다운 사람을 볼 때면 부러워하는 눈길을 보냈습니다. 그들과 자신의 몸을 비교하기도 했어요. 하루 중 많은 시간을 외모에 대해 고민하며 보냈고, 운 나쁜 일들은 모두 자신이 아름답지 않아서 일어난 거라고 생각했습니다. 좀 더 좋은 환경에서 일하지 못하는 이유도, 애인이 생기지 않는 이유도요.

심리학자 러네이 엥겔른은 이러한 증상을 '외모 강박'이라고 부릅니다. 자신의 의지와 상관없이 외모에 관한 생각이 떠오르거나, 그런 생각에 불안하고 우울하거나, 외모 가꾸는 일을 멈출 수 없는 상태를 의미합니다. 강박이라는 단어가 불편하게 느껴질 수도 있겠어요. 외모에 신경을 쓰는 편이긴 하지만 강박까지는 아니라고 생각할지요. 하지만 외모 강박은 사소한 습관이나 느낌에서 나타납니다.

외모가 마음에 들지 않아 집 밖으로 나가기가 싫은 날이 있나요? 주변 사람이나 연예인, SNS 스타를 보며 무심코 자신의 외모와 비교하고, 화장법을 찾아보느라 해야 할 일을 마치지 못한 적이 있나요? 혹시 보정 기능이 없는 카메라는 사용하기 꺼려지나요? 외모와 관련 없는 일, 그러니까 운동이나 공부를 하거나 수다를 떨 때도 내 모습이 어떻게 보일까 신경이 쓰이나요? 그렇다면 외모 강박일 수 있습니다.

화장을 하니까
이제야 사람 같다는 말

제가 학교에서 만난 학생들 대부분은 외모 강박과 싸우고 있었습니다. 급식 시간이면 "나 오늘부터 다이어트 할 거야"라는 말이 들려옵니다. 신체를 부위별로 나눠 평가하기도 합니다. 팔뚝 살이 출렁거린다거나 뱃살이 접힌다거나 허벅지가 너무 굵다고 합니다.

틴트와 얼굴이 하얘지는 선크림을 바르는 학생들도 눈에 띕니다. 이들에게 틴트나 선크림 정도는 '예의'입니다. 진한 색조 화장을 할 때도 있죠. 화장을 하지 않은 얼굴, 이른바 '쌩얼'로는 외출하기 싫다고 합니다.

최근 몇 년 사이 SNS에서는 '프로아나pro-ana'가 유행입니다. 찬성한다는 의미의 '프로pro'와 식욕 부진을 뜻하는 '애너렉시아an-orexia'를 합친 신조어로 거식증에 찬성하는 사람들을 일컫습니다. 거식증은 살이 찌는 것이 두려워 음식 섭취를 과도하게 거부하는 증상입니다. 스스로를 프로아나라 부르는 이들은 거식증 환자처럼 마른 몸이 되기 위해 음식을 극도로 제한합니다. 밥을 먹고 소화되기 전 토해버리거나 씹은 후 삼키지 않고 뱉거나 아예 며칠간 굶습니다. 마른 연예인의 사진을 공유하며 서로를 채찍질하기도 하죠. 이들은 거의 10대에서 20대 여성입니다.

거식증은 심한 경우 사망에 이르는 심각한 질병입니다. 죽지 않더라도 건강에 큰 문제가 생긴다는 건 분명합니다. 프로아나도 알고 있습니다. 그러나 살이 찌는 일이 죽음보다 두렵기에 음식을 거부합니다. 허영심이 가득하거나 욕심이 많아서 그런 게 아닙니다. 우리 사회가 여성에게 아름답기를 요구해 왔기 때문입니다.

사람들이 하는 말도 큰 영향을 줍니다. 귀 기울여 들어 보세요. 칭찬과 조언으로 가장한 외모 평가는 거의 일상입니다. 틴트만 좀 바르면 훨씬 예쁘겠다거나 화장을 하니까 이제야 좀 사람 같다는 식이죠.

미디어는 젊고 날씬한 여성들을 계속 비추며 여성의 신체를 표준화하려 합니다. 살아 움직이고, 생각하고, 감정과 욕구를 느끼는 그들을 '인형' 같다고 추켜세우며 사물처럼 여겨요. 예쁜 여성은 칭송하고 그렇지 않은 여성은 놀림거리로 만듭니다.

각종 광고는 또 어떤가요? 화장품 광고 속 모델은 모공이나 잡티를 찾아볼 수가 없습니다. 여름이면 털 없이 매끈한 다리나 팔, 겨드랑이를 준비할 때라고 말합니다. 운동 관련 광고는 건강한 몸을 만드는 것보다 살을 빼는 데 초점을 두죠. 성형 광고는 작은 눈, 낮은 코, 평평한 이마를 '고쳐야 한다'고 이야기합니다.

미디어에서 말하는 '완벽한 몸'은 사실상 불가능에 가깝습니다. 연예인은 막대한 비용과 시간을 들여 외모를 가꾸는 데다 광고나

화보에서는 화려한 조명과 컴퓨터 그래픽으로 작은 결점까지 모두 가리니까요.

그걸 모르지 않지만, 반복적으로 보다 보면 완벽한 몸은 이상향을 넘어 표준이 되어버립니다. 건강한 몸은 뚱뚱해 보일 수밖에요. 그렇게 많은 여성이 끝없는 외모 가꾸기의 굴레에 빠지게 됩니다.

사회가 만들어 낸 외모 강박은 우리가 중요한 일에 에너지를 쏟는 것을 방해합니다. 수시로 거울을 들여다보느라 공부에 집중하지 못한다거나 다른 사람에게 어떻게 비춰질까 신경이 쓰여 운동에 전념하지 못하게 하죠. 무한한 가능성과 잠재력을 발휘하는 데 걸림돌이 됩니다.

아주 오래전에도 여성은 아름다워야 했습니다. 아무리 현명하고 능력 있어도 여성이면 사회적·경제적 자원과 권력에 가까이 갈 기회조차 주어지지 않았기에, 자신의 특성과 자질을 계발하기보다 외모를 가꿔 남성의 선택을 받는 길을 걸었습니다. 아름다움의 기준은 시대에 따라 천차만별이었죠. 고대 중국에서는 발이 작을수록 미인으로 여겼습니다. '전족'이라 해서 작은 신에 여자아이의 발을 욱여넣어 자라지 못하게 했습니다. 조선 시대에는 팔과 허벅지가 통통할수록 미인이었습니다. 건강해야 아이를 잘 낳을 수 있다고 생각했기 때문입니다.

여성의 사회 진출은 과거에 비해 활발해지고 있지만 능력보다

외모를 요구하는 분위기는 여전합니다. 온라인과 오프라인을 넘나드는 미용 광고를 보고 있으면 오히려 더 심해진 듯합니다. 이 외모 가꾸기 열풍은 차별적 구조의 존재를 은폐합니다. 두 립스틱 중 무엇을 살지 고민하는 동안, 누군가는 이런 고민을 할 필요가 없다는 사실을 잊게 만들죠.

꾸미지 않을 자유

꾸미는 일 자체가 잘못된 건 아닙니다. 누구나 자신이 원하는 대로 외모를 가꿀 자유가 있죠. 저마다의 정체성과 개성을 표현하는 효과적인 수단이기도 합니다. 튼튼한 몸을 만들기 위해 꾸준히 운동하고 균형 잡힌 식사를 챙겨 먹는 건 권장할 만한 일이고요. 다만 꾸미는 데 강박적으로 몰두한다면 과연 누구를 위해 꾸미는지 생각해 볼 필요가 있습니다.

외모를 가꾸는 이유로 자주 이야기하는 것이 '자기만족'입니다. 다이어트로 마른 몸매를 갖게 되거나 화장으로 예뻐지면 스스로 만족감을 느낀다는 거예요. 그런데 이 만족감의 기준이 정말 자신에게 있는지 한 번쯤 고민해 보세요. 타인의 인정이나 칭찬 없이도 충분히 만족하는지 말이에요.

르네는 늘 사람들을 신경 씁니다. 피트니스센터에서 신발을 빌릴 때도, 식당에서 주문을 하러 카운터에 갈 때도 이곳저곳을 두리 번거리며 우물쭈물합니다. 다른 이들은 크게 신경 쓰지 않는데 주위를 지나치게 의식하는 것처럼 보입니다.

저도 거울 속에 비친 제 모습이 너무 뚱뚱하다고 생각한 적이 있어요. 시작은 작은 일이었습니다. TV에서 이렇게 말하는 걸 들었거든요. "의자에 앉았는데 허벅지가 너무 퍼져 있으면 좀 그렇지 않나요?" 그날 이후 의자에 앉을 때면 까치발을 들었습니다. 사람들이 펑퍼짐한 허벅지를 흉보지는 않을까 불안했습니다. 허벅지만이 아니라 팔뚝, 배, 엉덩이 등 몸 구석구석을 뜯어보기 시작했죠. 누군가가 저를 지켜보고 있는 듯한 느낌을 오래도록 떨칠 수 없었습니다.

대상화에 익숙해지면 스스로 대상화하기 시작합니다. 다른 사람의 시선으로 자기 몸을 바라보는 거죠. 자신이 매력적인지 끊임없이 의심하고, 자신의 가치를 남들에게 확인받고 싶어 하게 됩니다. 나를 위해 존재하는 몸이 아니라 타인에게 보여 주기 위한 몸이 되는 겁니다.

이를 거부하는 움직임이 있습니다. 10, 20대 여성 사이에서 빠르게 퍼져 나간 '탈코르셋 운동'입니다. 코르셋은 몸매를 보정하는 속옷을 의미하는데 최근에는 긴 머리, 화장, 다이어트와 같이 사회가 요구하는 여성성을 상징하는 단어로 쓰입니다.

탈코르셋 운동에 참여한 여성들은 화장품을 부수거나 긴 머리를 짧게 자른 사진을 SNS에 올렸고 큰 반향을 불러일으켰습니다. 긴 시간 너무나 당연하게 여겼던 꾸밈이 억압이었다는 사실을 깨닫고, 코르셋을 벗는 경험을 통해 나를 위한 몸이 어떤 모습인지 보여 줬습니다.

코르셋이 무엇을 의미하는지는 사람마다 다를 테죠. 그러니 코르셋에서 벗어난 모습 또한 다양할 것입니다. 누군가에게는 긴 머리를 짧게 자르는 일이고, 누군가에게는 곱슬머리를 곧게 펴는 노력을 그만두는 일일 수 있습니다. 핵심은 여성에게 가해지는 꾸밈 노동에서 해방되는 데 있으니까요.

르네 역을 연기한 배우 '에이미 슈머'도 '꾸미지 않을 자유'를 선택했습니다. 다른 영화를 찍을 때 제작진의 요구로 급하게 다이어트를 했다가 건강이 크게 망가지자, '이젠 내가 원하는 대로 하고 싶다'고 선언했죠.

〈아이 필 프리티〉는 그 선언의 연장선에 있습니다. 미인만이 할 수 있다고 여겨지는 일을 거침없이 해 나가죠. 르네는 자신이 일하는 화장품 회사의 마스코트 격인 안내 데스크 자리에 지원하는가 하면 비키니 콘테스트에 나가 무대를 뒤집어 놓습니다. 비현실적이고 마네킹 같은 몸이 아니라 곁에서 쉽게 볼 수 있는 자연스러운 몸으로요. 이런 장면은 우리 머릿속에 있는 대상화된 여성의 이미지에 도전합니다.

삶을 바꾸는 주문

엄밀히 말하자면 르네가 원한 건 아름다운 외모가 아닙니다. "진짜 어떤 기분일지 너무 궁금해요. 온 세상이 나에게 마음을 여는 기분." 외모로 차별받지 않는 것, 외모로 주눅 들지 않아도 되는 것. 그뿐이었습니다.

'나는 아름답다'고 확신하게 된 르네는 이전에 하지 못했던 일들을 해냅니다. 소심하고 지나치게 눈치를 살피던 모습은 사라지고, 갖고 있던 능력을 발휘해 누구보다 당당하고 멋지게 활약합니다. 꿈에 그리던 안내 데스크 직원으로 일하고 회사에서 진행하는 새 프로젝트의 발표를 맡습니다. 주변의 시선에 개의치 않는 자신감까지 얻은 것입니다. 르네는 사람들 앞에서 외칩니다. "이게 나예요!"

외모 변신을 소재로 한 영화는 많이 있었습니다. 보통 외모 때문에 차별받던 주인공이 외모를 가꿔서 문제를 해결하는 식이었어요. 변신 전과 후를 연기하는 배우가 다르거나 변장을 통해 전혀 다른 모습으로 탈바꿈하곤 했습니다. 처음 의도가 무엇이었든지 간에 결국 사회적인 문제는 그대로 두고 개인의 노력으로 해결한다는 찝찝함을 남겼습니다.

〈아이 필 프리티〉는 기존 영화의 공식을 비틉니다. 조금도 달라지지 않은 주인공의 외모는 개인의 겉모습과 사회적 시선, 둘 중 어느 것이 달라져야 하는지 명확하게 이야기합니다. 세상의 기준에 맞추려 노력하지 말고, 나만의 기준을 따라 살아 보자는 거죠.

르네의 삶을 뒤바꾼 마법의 주문이 고작 '이게 나예요'라는 믿음이라니, 한편으로는 시시하기도 합니다. 누구나 할 수 있는 이야기고, 그렇게 믿는다고 뭐가 달라질까 의심이 들 수도 있어요. 그런데 이렇게 시시한 거라면, 한번 믿어 봐도 되지 않을까요? 있는 그대로의 나도 충분히 멋진 사람이라고요.

더 잘
피 흘리기
위하여

김수진

◇◇◇

〈피의 연대기〉, 2018

아홉 살 때 처음으로 피를 흘렸습니다. 아침 등굣길, 아파트 입구에서 갑자기 코피가 나는 바람에 지나가던 아래층 아주머니가 지혈해 주셨던 기억이 납니다. 휴지로 콧구멍을 틀어막은 채 학교로 갔고, 피는 교실에 들어서기 전에 멎었습니다.

열세 살 때 월경을 시작했습니다. 그 전에 월경을 알고 있었는지는 잘 기억나지 않습니다. 월경인 줄도 몰랐던 벙벙한 순간에 엄마가 먼저 알아채고선 생리대 차는 법과 처리하는 법을 가르쳐 주셨죠. 아빠는 퇴근하는 길에 첫 월경을 축하한다며 꽃다발을 사 오셨습니다.

그러나 학교에 가면 월경을 하는 게 숨겨야 하는 일처럼 여겨졌습니다. 친구에게 생리대를 빌릴 때는 귓속말로 조심스럽게 물었고 생리대 들고 가는 걸 들킬까 봐 파우치(주머니)를 따로 챙겨 갔죠. 마트에서 생리대를 사면 속이 비치지 않는 검정색 봉투에 담아서 줬고요.

흘린 피는 같은데 그 피를 둘러싼 일들은 꽤 달랐습니다. 어떤 피는 금세 잊었고, 어떤 피는 달마다 찾아와 아프고 귀찮게 했습니다.

물속에 퍼지는,
빨간 피

월경하는 여성은 1년에 평균 60일 동안 월경을 합니다. 평생 월경하는 횟수는 평균 480회입니다. 한국에 사는 여성도, 네덜란드에 사는 여성도 마찬가지죠. 〈피의 연대기〉는 한국에 사는 '보람' 감독과 네덜란드에 사는 '샬롯'의 이야기로 시작합니다. 보람 감독은 친구 샬롯에게 화장실 갈 때 쓰라는 의미로 생리대를 넣을 수 있는 파우치를 선물했습니다. 샬롯은 이 파우치가 왜 필요한지 이해할 수 없었습니다. 한국을 포함한 아시아 여성들은 월경용품으로 생리대를 주로 이용하지만, 네덜란드에서는 대부분 탐폰을 사용하기 때문이었죠. 샬롯도 마찬가지였고요. 탐폰은 집게손가락 크기의 작은 솜방망이처럼 생겼고, 몸속에 넣는 월경용품입니다. 이것이 생리대를 대신할 만큼 널리 쓰일 수 있다는 사실은 생리대만 쓰던 보람 감독에겐 큰 충격이었습니다. 보통 탐폰에 대해 이야기할 때면,

"수영 선수가 쓰는 거 아니야?"

"쓰면 처녀막이 찢어진다던데."

"성관계를 하기 전에 탐폰을 써도 돼?" 따위의 말들이 오갔거든요.

겨우 탐폰을 쓰는 데 쏟아지는 걱정과 불안이 이만큼이었습니다. 매달 월경을 하고 생리대가 불편하다고 생각하면서도 탐폰을 집어 들 생각은 하지 못했죠.

그래서 보람 감독은 월경 다큐멘터리 영화를 찍기로 합니다. 여러 가지 월경용품과 월경에 관련된 역사적·의학적 사실들, 월경을 불결하다고 여기던 과거의 악습을 파헤쳐 갑니다.

한국 여성에게 월경용품은 생리대가 거의 유일한 선택지였습니다. 월경컵은 2017년에서야 정식으로 수입 허가가 났죠. 당시 식품의약품안전처에서 조사한 바에 따르면, 열 명 중 여덟 명이 일회용 생리대를 쓴다고 답했습니다. 그 뒤로는 탐폰 10.7퍼센트, 다회용 생리대 7.1퍼센트, 월경컵 1.4퍼센트 순이었습니다. 다양한 선택을 하고 있다고 말하기 어려운 수치입니다.

영화에서는 일회용 생리대를 대체할 수 있는 선택지들을 보여 줍니다. 해면(바다에서 나는 천연 스펀지) 탐폰, 손으로 빨아서 쓰는 면

생리대, 그리고 월경컵까지. 월경용품이 이렇게나 많았다니! 어느 회사의 일회용 생리대가 더 좋을지만을 고민했던 지난날이 억울해집니다.

〈피의 연대기〉에서 가장 자세히 다루는 것은 월경컵입니다. 의료용 실리콘 재질의 작은 컵이죠. 외부에서 피를 흡수하는 생리대와 달리 탐폰처럼 질 내부에 넣어 월경혈을 받아 내는 방식입니다. 컵에 피가 가득 차면 질에서 꺼내 세척하고, 월경이 끝난 후 끓는 물에 소독해서 반영구적으로 사용할 수 있습니다. 보통 월경을 할 때 나는 꿉꿉한 냄새는 월경혈 고유의 냄새가 아닙니다. 생리대에 묻은 월경혈이 공기와 만나 성질이 변하면서 나는 냄새예요. 월경을 하는 경험이 그리 달갑지 않은 이유는 화학제품인 일회용 생리대를 사용해서일지도 모릅니다. 보람 감독은 월경컵 안에 있던 월경혈을 변기에 버리는 모습까지 모두 카메라에 담았습니다. 생리대에 흡수된 형태로만 월경을 봤던 우리에게 물속에 퍼지는 빨간 피는 굉장히 낯설게 다가옵니다.

콧구멍에 솜을 넣는 것처럼

탐폰과 월경컵이 멀게만 느껴지는 건 내 몸 안에 무언가를 넣는다는 게 두려워서가 아닐까 합니다. 생리대만 쓰려는 이유도 대부분

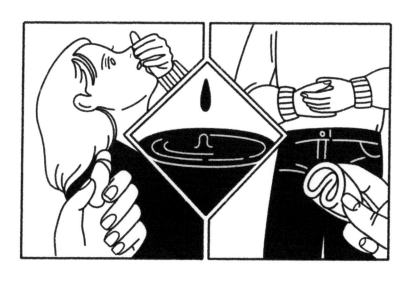

'체내 삽입에 대한 거부감'입니다.

원인은 두 가지로 설명할 수 있습니다. 첫째는 내가 나의 몸을 잘 알지 못한다는 점입니다. 내 성기가 어떻게 생겼는지, 질에서 자궁경부까지 길이가 얼마인지, 질 근육이 얼마큼 단단한지 말입니다. 이런 내용을 공식적으로 배울 수 있는 기회는 학교 성교육 시간뿐인데 선생님들도 잘 모르는 건 아마 마찬가지일 거예요. 과거의 성교육은 지금보다 더 '수박 겉핥기' 같았으니까요. 꼭 필요한 정보를 제공받지 못해 여성의 선택이 제한되고 있는 셈이죠.

둘째는 '순결을 지켜야 한다'는 성 인식입니다. 표준국어대사전에서 '순결'을 검색해 보면 예문에 이런 문장이 있습니다.

딸이 처녀의 순결을 잃어버리지 않았다는 말에 사초 부인은 새 기운을 얻었다.

현진건,《무영탑》

순결은 여성의 명예를 지키고 안전한 미래를 보장해 주는 조건으로 여겨졌습니다. 여성은 결혼 전까지 순결을 지켜야 하고, 그렇게 하지 않으면 남편에게 사랑받지 못한다고 생각했어요. 그러니 질 안에 무엇을 넣는 행동은 오랫동안 금기였죠. '처녀막'이라는 용어가 있을 정도입니다.

질 입구에는 얇은 점막으로 된 주름이 있습니다. 주름의 형태는 사람마다 달라서 월경하기 전까지 질 입구를 완전히 막고 있는 경우도 있고, 바늘구멍만큼 뚫려 있기도 하고, 거의 없는 경우도 있습니다. '막'이라는 말 때문에 질 입구를 전부 덮고 있을 것 같지만 오히려 둥글게 감싸고 있는 띠 형태와 비슷합니다. 그런데 이 부위에 '처녀'라는 이름을 붙여 성 경험이 없는 여성만 갖고 있는 것이라고 생각하게 만든 거예요.

처녀막은 대표적인 예 중 하나에 불과합니다. 여성은 순결해야 하며 성을 말하는 건 창피한 일이라는 차별적 인식에, 여성이 자기 몸을 탐구할 기회는 너무나 적었습니다.

물론 탐폰이나 월경컵을 처음 쓸 때 어색하고 어렵습니다. 반드시 써야 한다는 말도 아닙니다. 그러나 이 시도는 나를 새로이 아는 계기일 수 있습니다. 질 입구에 손을 넣거나 월경컵 꼬리를 흔들어 질 근육을 감각하는 생경한 경험을 해야 하거든요. 그 느낌이 코피가 흐르는 콧구멍에 솜을 넣는 것만큼 아무것도 아닌 일이 될 무렵엔, 내 몸과 조금 더 가까워져 있을 거예요.

월경을 월경이라 말할 때

2003년, 한 목사는 교회에서 이런 망언을 했습니다. "여자가 기저

귀 차고 어디 강단에 올라와!" 2021년, 아직도 네팔 어느 지역에서는 월경하는 여성을 가족과 격리하는 '차우파디'라는 관습이 남아 있습니다. '차우파디'란 '불경한 존재'라는 뜻이죠. 네팔 여성들은 집 밖 외양간이나 임시 움막에서 지내다 호랑이, 독사 등의 공격으로 숨지기까지 합니다. 인도에는 월경 중인 여성이 피클 병을 만지면 피클이 상한다는 미신이 있고요.

한국도 비슷합니다. 월경은 '감춰야 하는 일'이라는 고정관념이 있죠. 생리대 광고마저 월경이라는 말 대신 '그날'이라는 표현을 씁니다. 사실 '생리'도 월경을 재채기나 하품과 같은 생리학적 현상으로 에둘러 표현한 말입니다. 월경을 터부(특정 집단에서 어떤 말이나 행동을 금하거나 꺼리는 것)시하는 문화에서 비롯된 관습입니다.

이런 관습들은 여성의 몸이 남성과 달리 열등하다는 관념을 정당화합니다. 여성들조차 월경이 불결하고 불편하다 생각하며 자기 몸을 혐오하도록 만듭니다.

그래서 월경 수업을 할 때면 무조건 생리대를 한 개씩 나눠 줍니다. 성별에 관계없이 모두에게요. 처음에는 부끄러워하는 학생도 있습니다. 그러나 생리대를 펼쳐 보고, 촉감을 느껴 보고, 생리대에 물감으로 그림을 그리며 점차 이질감을 지워 나갑니다. 수업 마지막에는 각자가 그린 생리대 작품을 교실에 걸어 전시까지 합니다. 생리대가 걸려 있는 교실 벽면을 한 일주일쯤 보면, 생리대가 아무렇지도 않게 느껴집니다. 피가 날 때 붙이는 반창고로 보인다고나 할까요? 월경은 야한 것도, 부끄러운 것도, 숨겨야 할 것도 아닙니다. 그저 몸에서 일어나는 현상 중 하나입니다.

과거 이집트에서는 파피루스로, 고대 로마에서는 양털로 탐폰을 만들었습니다. 하와이 원시 부족 여성들은 양치식물로 월경을 받아 냈습니다. 나중에는 솜털 뭉치, 스펀지가 수제 탐폰의 역할을 했습니다. 한국에서는 광목천으로 '개짐'을 만들어 기저귀처럼 착용했죠. 인류의 시작과 함께 피의 역사도 시작되었습니다.

여성들은 여전히 피를 흘립니다. 그리고 더 잘 피 흘리기 위해 고민합니다. 생리대보다 더 좋은 월경용품을 찾고 경험을 나누는 일, 공중화장실에 월경용품을 무료로 비치하는 일 등이 고민의 결과입니다. 월경은 늘 감춰져 왔기 때문에 문제가 생겨도 드러내고 해결하는 데 긴 시간이 걸렸습니다. '월경을 하는 여성 모두가 돈 걱정 없이 월경용품을 사용할 수 있어야 한다'는 주장마저 반대하는 목소리가 존재하죠. 예산 낭비라면서요. 하지만 이건 여성이 인간답게 살기 위해 누려야 할 권리이기에, 여성가족부에서는 저소득층 여성 청소년의 생리대 구매를 돕는 사업을 하고 있습니다. 이와 별도로 꾸준히 생리대를 지원하는 지방자치단체가 늘어나고 있고요. 최근에는 월경용품 가격이 크게 오르지 않도록 유도하는 법안이 나오기도 했습니다.

'한국 여성은 왜 생리대만 주로 쓸까'라는 작은 궁금증은 이제 우리가 사회 구성원에게 얼마나 관심을 가지고 있는지 질문합니다. 사회가 평등의 가치를 실천하고 있는지 묻습니다. 아주 사적인 문제로 치부되어 조용히 속삭이던 말들을 광장으로 끌어올려 함께 이야기 나누게 합니다. 그리고 알게 하죠. 힘을 합치면 더 나은 삶을 살 수 있다는 것을요. 네덜란드의 샬롯과 한국의 보람이 대화를 통해 탐폰을 다시 알게 되었던 순간처럼, 서로를 이해할 수 있다는 것을요. 피의 역사는 계속될 테니까요.

월경 수업을 준비하면서 다양한 책과 영화를 찾아봤습니다. 개중에는 '에티켓'이라며 생리대가 보이지 않게 주머니를 가지고 다녀야 한다고 말하는 책도 있었죠. 그런 책을 선택하지 않도록, 도움이 될 만한 콘텐츠를 추천합니다.

《초경파티》(노지은·이현정, 2002)

제가 초등학교 때 읽었던 책입니다. 지금 보면 '20년 전에 이런 내용의 책이 있었다니!' 할 만큼 놀랍고 멋진 이야기가 가득합니다. 심지어 월경컵까지 소개되어 있다니요? 월경의 역사는 물론 월경에 대처하는 법까지, 월경의 모든 것을 다룹니다.

《생리를 시작한 너에게》(멜리사 캉·유미 스타인스, 2021)

월경에 관한 최신 정보를 원한다면 이 책이 도움을 줄 거예요. 청소년 성 건

강을 전문으로 상담해 온 의사 선생님이 월경과 함께 찾아오는 몸과 마음의 변화를 세심하게 알려 준답니다.

《Girls' Talk 걸스 토크》(이다, 2019)
이 책의 부제는 '사춘기라면서 정작 말해 주지 않는 것들'입니다. 여러분이 성장하며 갖게 되는 몸에 대한 고민들을 어른들도 해 왔다고 말해 주는 책이라고 할 수 있죠. 털, 브래지어, 땀 냄새, 키스와 섹스까지. 나만 이런 걸까 싶어 말 못했던 이야기를 나누고, 웃으며 위로받고 싶다면 이 책만 한 게 없습니다.

〈피리어드: 더 패드 프로젝트〉(2018)
다큐멘터리 영화입니다. 인도의 농촌 마을 여성들이 미생물로 자연 분해되는 생리대를 직접 만들고 저렴하게 판매하며, 월경을 불결한 질병으로 생각하는 편견과 금기에 맞서 싸우는 과정을 보여 줍니다. 인도판 〈피의 연대기〉랄까요. 넷플릭스에서 볼 수 있고, 유튜브에 공식 영상 전체가 올라와 있어요. 'Period. End of Sentence'로 검색하면 나온답니다!

정상과
비정상을
넘어

3관

널 사랑해,
언제나

황고운

〈톰보이〉, 2011

가장 편안한 순간들이 있습니다. 잠들기 전 침대 속, 청소를 막 끝낸 후, 마지막 퍼즐 한 조각을 맞출 때! 반대로 불편한 순간도 있죠. 몸에 꽉 끼는 옷을 입었을 때, 누군가 나에게 적대적인 태도를 보일 때, 공간에 모르는 사람들이 가득 차 있을 때. 그럴 때면 어서 도망치고 싶은 마음이 듭니다.

그런데 만약 나와 24시간 붙어 있는 '내 몸'이 거북하고 자연스럽지 않다면 어떤 기분일까요? 내 것이 아닌 듯한 느낌이 든다면 말이에요.

실제로 세상에는 자기 몸을 어색하게 느끼고, 그래서 혼란을 겪는 사람이 있답니다. 〈톰보이〉의 '미카엘'처럼요.

짧은 금발에 파란 눈을 한 미카엘은 축구와 달리기를 좋아하고 동생에게 다정한 열 살 어린이입니다. 얼마 전에 새로 이사 와서 '리사'의 도움으로 동네 친구들과 막 친해진 참이죠. 그런데 리사가 놀러 와 미카엘, 하고 부르니 미카엘의 동생 '잔'이 당황합니다. 그에겐 진짜 이름이 따로 있거든요. 리사와 헤어진 뒤 잔은 미카엘에게 묻습니다. "로레 언니, 왜 남자인 척했어?"

왜 다른지 묻기 전에

미카엘은 혼란스러웠습니다. 몸이 변하며 유두가 살짝 솟아오른 게 이상하고 싫었습니다. 한숨이 나올 정도로요. 그래서 남자아이 흉내를 냅니다.

남자 친구들이 가래침 뱉는 걸 유심히 관찰하고 익숙하지 않지만 비슷하게 따라해 봅니다. 웃통을 벗고 축구하는 소년들을 물끄러미 보더니, 집에 가서 거울로 자신의 가슴이 아직 판판한지 몇 번이나 살핍니다. 머뭇거리면서도 윗옷을 벗은 채 축구를 하고, 물놀이 가기 전에는 수영복을 잘라 삼각팬티로 만든 다음 그 안에 볼록하게 지점토를 넣습니다. 남자 성기처럼 보이게 한 거예요. '남자인 척하고 싶었다'기보다는 '여자의 몸으로 보이지 않게 해야겠다'는 생각에서 한 행동입니다.

미카엘은 여자로 태어났지만 여자의 몸을 갖고 있다는 게 불편했습니다. 내 몸이 내 몸 같지 않아 불안했습니다. 이런 감정을 '성별 위화감'이라고 합니다. 태어날 때부터 주어진 생물학적인 성sex이나 사회적인 성gender 역할이 자기가 생각하는 성별 정체성과 일치하지 않아서 느끼는 불쾌감이죠.

'미카엘은 왜 다를까, 왜 그런 감정을 느낄까'라는 궁금증이 들고 미카엘의 행동이 생소할 테지만, 우리가 진짜로 물어야 할 것은 따로 있습니다. 미카엘의 엄마와 친구들은 왜 미카엘을 있는 그대로 받아들이지 못한 걸까요?

딸의 낯선 모습이 두려웠던 엄마는 미카엘을 외면합니다. 대화하거나 이해하려는 노력을 하지 않죠. 미카엘에게 치마를 입혀 남들에게 보여 주는 행동은 미카엘에게 '틀렸다'고 말하는 듯합니다. 미카엘이 여자아이라는 걸 알게 된 남자 친구들과 리사의 폭력적인 반응도 그렇습니다. 마치 여자와 남자 중에 골라야 하는 것처럼 이야기하고, 여자가 아니라 남자로 보이고 싶어 하는 미카엘에게 자꾸 자신다움을 감추라고 합니다.

아마 성별 이분법 때문이었을 거예요. 남성과 여성, 두 가지 성별만이 존재하고 태어나면서 가지게 된 성별은 변하지 않는다는 사고방식이죠. 하지만 성별은 염색체, 내부 생식기, 외부 생식기, 호르몬, 2차 성징, 출생 시 지정된 성별, 양육 상황, 사회적·정신적 요소 등 여러 가지를 종합적으로 고려해 결정합니다. 고정된 게 아니라

바뀔 수도 있습니다. 세상이 깔끔하게 두 그룹으로 나뉘지 않는다는 거예요. 다채로운 만큼 틀에 딱 들어맞지 않는 사람들이 존재하죠. 미카엘처럼요!

성별 이분법이 강한 사회일수록 성 고정관념은 뚜렷하기 마련입니다. 무엇이 여자의 특징이고 남자의 특징인지 더 많이 따지며 각각의 특징에서 벗어난 사람들을 자연스럽게 포용하지 못할 가능성이 높습니다. 다름을 허용하지 않는 분위기에서는 혐오가 자라기 쉽죠. 낯선 이를 마주했을 때 다양한 사회의 일부라고 생각하기보다 '틀린 것'으로 여겨 배척하게 됩니다.

성별 이분법이라는 폭력

또 다른 문제로도 이어집니다. 성별보다 더 중요한 것을 못 보게 만든다는 점이에요.

'남자인 척한다'는 잔의 말은 무슨 뜻일까요? 머리카락이 짧다? 목소리가 굵다? 운동을 즐긴다? 어떤 게 남자 같은 모습일까요. 머리로는 머리카락이 짧은 여자, 목소리가 굵은 여자, 운동을 즐기는 여자도 있다는 걸 알고 있는데도, 우리의 고정관념은 때로 강력한 역할을 합니다.

초등학교 3학년 교실에서 광고를 분석하는 수업을 할 때였습니다. 미카엘과 비슷한 또래의 어린이가 등장해 전자 기기를 자유자재로 다루는 모습을 보여 주는 광고였죠. 그런데 학생들은 광고하는 물건과 상관없는 엉뚱한 질문을 하는 것이 아니겠어요?

"선생님, 쟤 여자예요, 남자예요?"

저는 당황해서 "글쎄요?" 하며 바로 답을 해 주지 못했어요. 그랬더니 이번엔 추측하기 시작했습니다.

"여자야. 매니큐어 바른 거 못 봤어? 핑크 안경도 쓰고, 목소리도 가늘고 높았다고."

"그렇게 치면 나무에 막 올라갔잖아. 자전거도 잘 타고, 벌레도 잘 잡고. 남자인 거 같은데."

치열하게 토론을 하던 학생들에게 새로운 제안을 했습니다. 자신을 잘 드러내는 성격이나 생김새를 나열해 보게 했어요. 시끄럽다, 조용하다, 차분하다, 덤벙댄다, 파랑을 좋아한다, 핑크를 좋아한다, 운동이 더 좋다, 책이 더 좋다, 머리카락이 길다, 짧다, 글씨를 잘 쓴다, 못 쓴다….

그러고 나서 나와 같은 특징을 가진 친구들을 찾도록 했습니다. 그중에는 여자도 있고 남자도 있었어요. 여자만의 특징이나 남자만의 특징 같은 건 없었습니다. 학생들에게 다시 물었죠.

"저 광고에서 중요한 건 광고 모델의 성별일까요?"

학생들은 광고에서 말하려는 건 제품의 성능이었다고 답했습니다. 그리고 스스로를 소개할 때 중요한 건 성별보다 자신의 능력, 관심사, 성격이라는 걸 깨달았어요. 어떤 특성을 있는 그대로 보지 않고 여자 특성과 남자 특성으로 나누다 보니 '여자는/남자는 ~하다'는 생각에 익숙해지게 되었다는 사실도요.

성별 이분법은 우리가 폭넓게 사고하고 자유롭게 살아가는 데 제약이 됩니다. 그 경직된 판단에서 비롯한 혐오와 폭력은 고정관념 바깥에 있는 이들을 움츠러들게 합니다.

보통의 남자 청소년과 달리 운동을 즐기지 않거나, 과격한 몸 놀이를 싫어하거나, 목소리가 가늘거나, 여자아이들과 잘 어울리는 친구에게 게이나 트랜스젠더냐고 묻는 경우가 있죠. 이 물음에는 일반적으로 '남자다운 행동'과 '여자다운 행동'이 무엇인지 규정하려는 태도가 담겨 있습니다. 미카엘이 한국에 있었다면 같은 질문을 받게 될지도 몰라요. "너 트젠이냐?" 하고요.

이런 말이 떠도는 분위기 속에서 미카엘은 '트랜스젠더면 안 된다'는 메시지를 받겠죠. 자신의 존재가 밝혀지는 순간 위협을 받을 수도 있다는 생각에 두렵고 걱정스러울 거예요. 실제 모습을 바꿔 버리거나 평생 감추고 살 수는 없는데 말이에요.

미카엘과 함께 걷는 법

우리에게 필요한 것은 '여자의 몸이기를 거부하는 로레'를 수용하는 동생 잔의 태도입니다. 언니가 보여 주는 낯선 모습에 관심을 기울이며 애정을 갖고 미카엘의 선택과 고민을 지지해 주는 거죠. 리사의 행동도 눈여겨보세요. 잔과 달리 미카엘을 받아들이지 못했던 리사는 친구들 무리와 함께 미카엘을 괴롭혔습니다. 하지만 결국엔 미카엘에게 나지막한 화해를 청하죠. 미카엘이 자신의 얘기를 솔직하게 해 주길 바라는 따뜻한 표정으로요. 뒤늦게라도 열린 태도는 끝끝내 닫힌 태도보다 언제나 훌륭한 법입니다. 리사와 미카엘은 어떤 대화를 해 나갈까요.

저는 주인공을 '미카엘'이라고 불렀습니다만, 누군가는 '로레'라고 부르고 싶을 겁니다. 저 역시 누군가를 보면서 비슷하게 생각했던 적이 있습니다. 그는 분명히 로레여야 한다고, 혹은 로레나 미카엘 중 하나를 분명하게 정해야 한다고요. 하지만 내가 인정하지 않는다고 이미 존재하는 누군가가 사라지는 것도 아니고, 내가 모른다고 세상에 없는 것도 아니라는 걸 알게 되었답니다.

그가 미카엘인지, 로레인지가 중요할까요? 더 중요한 건 그의 마음이 편안한지, 무엇을 좋아하고 어떤 일을 할 때 만족하는지 살피고 돕는 일이 아닐까요. 계속 그답게 존재할 수 있도록요.

자유롭게
살았으면 좋겠어

김수진

〈페르세폴리스〉, 2007

학교에는 안 되는 것투성이입니다. 염색 금지, 파마 금지, 화장 금지, 눈에 띄는 사복 금지. 학생인권조례가 없었을 때는 더 심했죠. 머리는 귀밑 5센티미터, 교복 치마 짧게 줄이기 금지, 색 있는 브래지어 금지, 심지어 발목 양말까지 금지였습니다. 학생 같지 않고 문란해 보인다는 이유였습니다. 규정에 따르지 않으면 벌점이 쌓이고, 오리걸음으로 운동장을 돌아야 했습니다. 학생들은 투덜거리긴 했지만 문제가 있다고 말할 수는 없었습니다. 금지는 공기처럼 당연했고, 저항은 반항으로 치부되기 일쑤였기 때문입니다.

그런데 국가에서 신의 뜻이라며 내 일상을 규제한다면 어떨까요?

상상해 봅시다. 나는 아디다스 신발을 신고, 감자튀김을 좋아하고, 록 음악을 즐겨 듣는 평범한 학생입니다. 커서 뭐가 될지는 잘 모르겠지만 다리털이 좀 적당히 났으면 좋겠고, 은하계 예언자가 되는 허무맹랑한 꿈을 꿔 보기도 합니다. 그러던 어느 날 아디다스를 신는 것이, 록 음악을 듣는 것이 금지되었습니다. 머리와 목, 가슴을 '히잡'이라는 검은 천으로 가린 채 지내야 합니다. 선생님은 '여성의 노출은 죄악'이라고 가르칩니다.

생각만 해도 숨이 턱 막히는 것 같나요? 견디기 힘든 구속과 차별이 난데없이 내 세계를 뒤집어버린 상황. 1979년 이란에 살던 아홉 살 마르잔 사트라피가 겪었던 일입니다.

먹을 것, 좋은 집, 그리고 여자

70년대까지만 해도 이란은 주변 이슬람 국가들에 비해 자유로운 편이었습니다. 비록 왕의 독재 아래 있었지만 서양 문화를 수용해야 한다는 정책 덕에 율법에 상관없이 옷을 입고, 여성도 대학에서 공부할 수 있었죠.

그래도 독재 정권은 물러나야 한다고 생각한 이란 사람들은 시위를 벌였습니다. 우리나라의 5·18 민주화 운동이나 6·10 민주 항쟁처럼요. 혁명은 성공했고 그 결과 이슬람공화국이 탄생했습니다.

국민들은 보다 자유롭고 평등한 시대가 펼쳐질 것이라 생각했습니다. 하지만 상황은 기대와 다르게 흘러갑니다. 새로운 정부가 이슬람 경전에 쓰인 문자 그대로 철저히 따라야 한다는 이슬람 근본주의를 택했기 때문입니다. 이로 인해 나라에는 온갖 규제가 늘어 갔습니다. 혁명의 성공이 아이러니하게도 폐쇄와 통제로 이어진 셈입니다.

2년 만에 모든 일상은 바뀌었고, 억압은 여성에게 더 가혹했습니다. 이란의 여성들은 반드시 히잡을 써야 했으며 화장도 할 수 없었습니다. 학교에서는 '여자는 히잡으로 자신을 감싸 남자가 못 보게 해야 한다'고 강조했습니다. 몸을 가리지 않는 날이면 모르는 남자에게 "너 같은 여자는 먹고 버리면 끝이야" "처신 똑바로 해"라는 말이 날아왔습니다.

보호라는 명목으로 히잡을 강제하면서 여성은 사회적으로 격리되었습니다. 반면에 남성은 히잡을 강요받지 않았고, 어떤 옷이든 머리든 할 수 있었습니다. 또 국가를 위해 희생하면 먹을 것과 좋은 집, 여자를 얻을 수 있다고 여기도록 교육받았습니다. 여성은 국가를 지키는 남성을 위한 소유물이나 전리품같이 취급되었죠. 종교적, 정치적 갈등으로만 바라보기 쉬운 이슬람 근본주의 아래에는 성차별 문제가 자리하고 있었습니다.

마르잔은 소심한 저항을 택했습니다. 일부러 로커처럼 재킷을 입기도 하고, 마이클 잭슨이 그려진 배지를 달고 다니고, 선생님에 게 대들어 보기도 했죠. 하지만 개인이 저항한다고 벗어날 수 있는 수준이 아니었기에 곧 무력함을 느꼈습니다.

마르잔의 부모님은 딸을 해외에 보내기로 합니다. 이란을 떠나 면 종교의 이름으로 행해졌던 국가의 억압이 사라질 테니까요. 그 렇게 열네 살 마르잔은 혼자 오스트리아로 유학을 갑니다. 이제 자 유롭게 살 수 있을까요?

교차하는 세 겹의 억압

오스트리아는 이란과는 차원이 다른 세상이었습니다. 마르잔은 엄 청난 자유에 정신을 차리지 못합니다. 마트에는 늘 먹을거리가 넘 쳐 났고, 히잡을 써야 한다는 법은 없었습니다. 입고 싶은 옷을 마 음껏 입고, 듣고 싶은 음악을 마음껏 듣고, 친구들끼리 정치 얘기를 해도 끌려가지 않았죠. 이렇게 아무 걱정 없이 잘 지내면 좋으련만, 이내 다른 시련이 찾아옵니다.

"이란인들은 무식하다더니." 학교 기숙사를 관리하던 수녀님이 냄비째 밥을 먹던 마르잔에게 던진 말입니다. 다른 학생들이 그랬 다면 대수롭지 않게 넘어갈 일인데, 그에게는 유독 모질었습니다. 몇 년간 같이 살았던 하숙집 주인은 브로치가 없어졌다며 무조건

마르잔을 의심합니다. 유럽인에게 그는 눈에 띄는 이방인이고 야만인일 뿐이었습니다.

마르잔은 자신이 이란에서 왔다는 사실과 맞닥뜨립니다. '이란인'이라는 정체성은 감당하기 어려운 짐이었습니다. 내가 어디에서 나고 자랐다는 이유만으로 차별받아야 했으니까요.

'나'라는 존재를 부정당한 그는 무너지고 맙니다. 내가 조각조각 나는 기분이 아니었을까요. 흩어진 조각을 붙일 힘도, 어느 조각이 나인지 찾을 힘도 없이 말입니다.

결국 이란인으로서의 정체성을 되찾기 위해 돌아온 고국은 많이 변해 있었습니다. 무의미한 전쟁으로 10만 명 이상 죽거나 다쳤고, 이란 여성들은 주체적인 삶을 꿈꿀 여유조차 잃은 상태였습니다. 폭력이 너무나 강하면 이겨 내야 한다는 생각조차 억누릅니다. 해결될 수 있을 거란 기대가 사라지기 때문입니다. 이란의 성차별은 전쟁만큼이나 여성의 생존을 위협하고 있었습니다. 밖에서 애인과 손을 잡으면 매질 당하거나 벌금을 내야 할 정도였죠. 정착하려고 노력해 봤지만 참기 어려운 일이 계속되었습니다. 자유를 맛봤던 그에게 이란은 더 이상 편안한 고향이 아니라 머물 수 없는 불편한 곳이었습니다.

오스트리아의 인종차별과 이란의 성차별을 경험하며 여러 겹의 억압에 직면한 마르잔은 또다시 '나'를 찾아 떠납니다. 자유롭게 살

았으면 좋겠다는, 절대 돌아오지 말라는 어머니의 말과 함께 프랑스로 향합니다.

마르잔이 싸워야 했던 차별은 여성 무슬림(이슬람교도)이자 이란인이기에 겪는 복합적인 형태였습니다. 이를 '교차성'이라고 합니다. 성별, 인종, 종교, 계층 등과 관련된 차별이 각각 존재하는 것이 아니라 서로 맞물려 있다는 뜻입니다.

차별의 모습은 교차성에 의해 더 복잡해지기도, 더 강화되기도 합니다. 이란 여성이 겪는 차별과 한국 여성이 마주하는 차별은 그 형태가 다를 수밖에 없죠. 단순히 여성의 문제나 이슬람의 문제라고 생각하기 어렵습니다. 성별과 국가와 종교가 교차하며 다중적인 정체성을 갖게 된 마르잔의 경험은, 여성이 어떻게 생존하고 투쟁해야 하는지 고민하게 합니다.

여성이 선택한 자유의 모습들

영화의 시작이었던 1979년부터 현재까지 이란 여성들은 차별에서 생존하기 위해 노력하고 있습니다. 의식주로 해결되는 차원의 생존이 아닙니다. 내가 누구인지 이해하며 살아가는 과정으로서의 생존입니다.

이란은 여전히 히잡 착용을 강제합니다. 인권 변호사 나스린 소토우데는 히잡 반대 시위에 나선 여성을 변호했다가 징역형을 받았습니다. 또 이란 여성 사상 첫 올림픽 메달리스트였던 태권도 선수 키미아 알리자데 제누린은 '다리를 그렇게 쭉쭉 뻗는 것은 여자의 덕목이 아니'라며 모욕당했죠. 이후 그는 히잡을 벗어 던지고 이란 대표가 아닌 난민 팀으로 도쿄올림픽에 출전했습니다.

한편 프랑스에서는 히잡과 비슷한 부르카(눈 주변의 망사를 제외하고 몸 전체를 덮는 복장) 착용을 금지하면서 논란이 되었습니다. 부르카는 여성을 억압하는 복장이기도 하지만, 이슬람의 전통적이고 종교적인 복장이기도 합니다. 많은 무슬림 여성이 강압에 의해서가 아니라 스스로 선택해서 히잡이나 부르카를 쓴다는 의견도 있고요.

당사자들의 의사가 배제된 채 이루어지는 법적 금지는 또 다른 차별로 이어지게 됩니다. 실제로 프랑스는 부르카 착용 금지를 넘어 '이슬람 극단주의 방지법'을 만들었습니다. 무슬림 난민을 많이 수용한 후 국가적 문제가 생겼다며, 그 원인으로 이슬람교를 지목하고 강력한 무슬림 제재 정책을 펼친 것입니다. 그러나 이런 결정은 무슬림에게 낙인을 찍고 혐오를 재생산할 뿐, 문제를 근본적으로 해결하기 어렵습니다.

히잡을 벗을 자유, 또 부르카를 쓸 자유. 상충하는 것 같아 보이지만 그렇지 않습니다. 자유를 찾아가는 과정에는 단 하나의 정답만 존재하는 게 아니기 때문입니다. 처한 환경이 다르고 개인의 생각과 경험이 다르듯이 각자가 그리는 자유의 모습도 다 다릅니다. 모두가 똑같은 모습을 그릴 필요는 없습니다. 저마다의 관점에서 경험을 나누며, 여성이 스스로 자기 삶의 형태를 결정할 수 있는 주체가 된다면 말이에요.

그래,
우리는 잘못한 게
없으니까

김수진

〈윤희에게〉, 2019

"달이 떴다고 전화를 주시다니요."

김용택 시인이 쓴 시의 한 구절을 참 좋아합니다. 사랑이란 감정을 이보다 더 잘 표현한 문장이 있을까 싶거든요. 매일 뜨는 달이 오늘따라 찬란할 때, 내가 보는 풍경을 사랑하는 사람과 나누고픈 마음이 느껴져요.

자꾸만 떠오르는 그 사람에게 전화도 하지 못하는 상황이면 어떻게 해야 할까요. 아마 편지에 내 마음을 한 자 한 자 꾹꾹 눌러쓰지 않을까요? 차마 보내지 못할지라도 말입니다.

〈윤희에게〉는 이런 편지로 시작합니다. 한 사람이 20년 전에 만났던 '윤희'에게 쓴 거죠. '네 꿈을 꿨다'며 보낸 편지는 어찌 보면 사랑한다는 말보다 더 애달프고 다정합니다.

윤희에게 온 편지는 윤희의 딸 '새봄'이 먼저 열어 봤습니다. 엄마의 첫사랑이 보낸 편지라니, 놀랄 법도 한데 새봄은 궁금함이 앞섰습니다. 엄마의 첫사랑은 어떤 사람이었는지 만나 보고 싶어 두 사람의 재회를 계획합니다. 엄마의 행복을 찾아 주고 싶었는지도요.

윤희는 평범하게 살아왔습니다. 남편을 만나 결혼하고, 새봄을 낳고, 이혼하고 새봄과 단둘이 지내고 있죠. 공장 식당에 나가 조리사로 일하는 삶. 자식 때문에 사는 삶. 늘 외로운 삶. 사회에서 정의하는 보통의 인생과 가까울 수도 혹은 멀 수도 있습니다. 단조롭고 고독한 하루하루에 지쳐 있던 윤희에게 오랜 세월을 지나 도착한 편지는 더욱 특별했을 겁니다. 그래서 윤희는 그녀를 만나기 위해 새봄과 함께 편지의 발신지인 일본 오타루로 갑니다.

잠깐, 문장이 조금 이상한가요? 왜 그녀냐고요? 윤희의 첫사랑은 '쥰'이라는 여성이니까요.

그녀와 그녀

윤희와 쥰은 고등학생일 때 만났습니다. 서로를 사랑했지만 안타깝게도 둘의 사랑은 누구에게도 이해받지 못했습니다. 가족들은

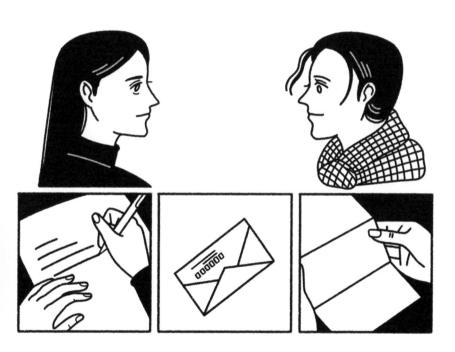

쥰을 사랑한다는 윤희의 말을 '병'으로 여겼습니다. 그로 인해 정신 병원에 다녀야 했고, 오빠의 소개로 사랑하지 않는 남자와 강제로 결혼을 해야만 했습니다. 쥰의 사정도 비슷했습니다. 부모님의 이혼으로 일본에 돌아간 뒤 엄마가 한국인인 것도, 여성을 좋아한다는 것도 꽁꽁 숨긴 채 고양이 한 마리를 키우며 살았습니다.

그녀가 그녀를 사랑한다는 건 세상이 정해 둔 평범함의 틀을 벗어나는 일 같습니다. 영희의 짝은 철수고, 미니 마우스의 짝은 미키 마우스이듯이, 그녀의 짝은 그여야 하는 세상입니다. 그랬기에 윤희의 삶은 평범하지 못했습니다. 평범하게 사랑하고 싶었을 뿐인데 용납되지 않는 만남이었습니다. 겨울, 눈, 편지로 시작되는, 다소 진부해 보이는 이 영화의 러브 스토리가 뻔하지 않은 이유는 그들의 사랑에 있습니다.

〈윤희에게〉처럼 동성의 사랑을 다룬 영화는 '퀴어 영화'라는 장르로 분류됩니다. '퀴어queer'는 '이상한' '색다른'이라는 뜻을 가진 단어죠. 동성애자를 비하할 때 쓰는 말이었는데, 인권 운동을 통해 부정적인 의미가 사라지고 성소수자(레즈비언·게이·양성애자·트랜스젠더 등)를 아우르는 말로 사용되고 있어요. 이성 간의 사랑을 정상으로 여기는 규범을 벗어난 성적 지향(어떤 성별에게 느끼는 감정적이고 성적인 끌림)이나 성별 정체성(스스로 인식한 자신의 성별. 생물학적 성과 일치하지 않을 수 있음)을 지닌 사람을 퀴어라고 일컫습니다.

자꾸만 지워지는 존재

매년 여름이 되면 서울광장에서는 '퀴어문화축제'가 열립니다. 여러 성적 지향과 성별 정체성을 가진 사람들이 어우러져 즐기는 장을 만들기 위한 행사입니다. 세상에 존재하는 모든 사랑을 인정하고 존중하자는 취지에서 시작된 이 축제는 전 세계에서 개최되고 있습니다. 축제 기간이 되면 퀴어를 상징하는 빨주노초파보 무지개 깃발이 곳곳에 휘날립니다.

그런데 축제가 열리는 광장에서 건널목 하나를 사이에 둔 맞은편에서는 '퀴어 축제 반대' 시위가 함께 열립니다. '동성애 반대' '동성애 죄악'이라고 쓴 깃발이 나부끼죠. 누군가의 사랑이 누군가에겐 죄가 될 만한 나쁜 짓입니다. 그 상대가 같은 성별이라는 이유만으로요.

교실도 크게 다르지 않습니다. 언젠가 다양한 가족의 형태를 그려 보는 3학년 수업에서였어요. '미국, 독일, 태국 등에서는 동성끼리도 결혼할 수 있도록 법이 바뀌었다'는 얘기를 하는 와중에 한 학생이 손을 들고 물었습니다.

"동성애자는 에이즈에 걸린다던데요? 동성애 하면 안 되는 거 아니에요?"

'동성애는 잘못되었다'는 생각이 열 살 어린이에게까지 뻗어 있었던 거예요.

일부 학생들은 "레즈냐?"와 같이 퀴어를 일컫는 표현을 욕처럼 씁니다. 소수자를 모욕하는 혐오표현이죠. 퀴어에 대한 적대감과 편견을 공개적으로 드러내 이들의 자유와 안전을 위협하고 차별을 부추기는 행동입니다.

그러나 어떤 수업에서도 퀴어는 잘못된 게 아니라는 것을, 우리 주변에 퀴어가 있다는 것을 알려 주지 않습니다. 성교육 시간엔 '이성 교제'라는 단어로 동성과의 사랑을 지웁니다. 존재를 지워버리는 이 상황은 윤희에게 그랬듯 교실 속 누군가에게 혐오표현만큼이나 상처가 될 겁니다. '윤희'는 나일 수도, 내 옆에 앉아 있는 친구일 수도 있겠죠.

우리는 늘 선을 그으며 살아갑니다. 그리고 이 선을 벗어나면 '비정상'이라고 생각합니다. 저 집은 아빠가 없어? 이상해. 남자가 치마를 입어? 이상해. 여자가 여자를 사귄다고? 이상해.

〈윤희에게〉가 개봉했을 때 친구에게 같이 보러 가자고 했던 기억이 납니다. 친구는 "동성애 영화는 난 좀 그래. 혼자 보고 와"라면서 거절했습니다. 그에게 퀴어 영화는 그야말로 퀴어한(이상한) 영화였던 거죠. '정상성'과 '비정상성'을 다시 생각해 보게 되었습니다. 서로가 사랑한다는데, 왜 그 사랑을 이해시켜야 하는 걸까요.

윤희와 새봄의 일본 여행은 쥰을 찾기 위함이기도 하고, 윤희가 쥰과의 추억을 떠올리며 자기를 되찾아 가는 과정이기도 합니다. 여행 중 새봄이 찍은 카메라 속의 윤희는 하얀 눈밭에서 하얀 담배 연기를 뿜는, 외롭지만 멋진 사람이에요. 20년 동안 세상의 틀에 갇혀 원치 않는 삶을 살다, 이제야 어떻게 살아가고 싶은지 고민해 볼 여유를 가지게 되었죠. 그 전까지는 감정을 부정당하고 가족에게도 외면당해 자신을 탐색할 기회가 없었거든요. 쥰 또한 마찬가지였습니다. 윤희 이후 누군가를 사랑할 시간도 기회도 만들지 않고 스스로를 고립시킨 채 살아온 쥰의 편지에는 그 흔적이 잘 드러납니다.

"살다 보면 그럴 때가 있지 않니? 뭐든 더 이상 참을 수 없어질 때가."

사랑을, 혹은 자기 자신을, 혹은 뭐라 정의할 수 없는 그 무언가를 참을 수 없을 만큼 억눌러 왔던 거예요. 윤희와 쥰의 만남은 그래서 더 뜻깊습니다.

"오랜만이네."

"그렇네."

서로를 잊지 못하고 가슴 깊이 묻어 둔 채, 긴 세월을 견뎌 드디어 만난 두 사람은 절절한 포옹이나 입맞춤이라도 해야 할 것 같지만 그러지 않습니다. 내내 서로를 바라보고, 함께 눈길을 걸을 뿐입니다. 하지만 이걸로 충분합니다. 남은 생을 벌처럼 살아오던 두 사람이 같은 곳을 응시하고 있으니까요.

용기 내지 않아도
되는 세상

윤희의 삶처럼, 세상은 바뀌고 있습니다. 성소수자임을 숨기기만 하는 게 아니라 적극적으로 표현하는 이들이 나타났거든요. 〈윤희에게〉가 개봉한 것 역시 그런 변화 중 하나고요. 동성 결혼 법제화가 필요하다고 말하는 사람들, 내가 선택한 성별로 군대에 가거나 대학에 입학할 수 있게 해 달라고 문제를 제기하는 사람들도 있습니다. 합리적인 이유 없이 성적 지향, 성별 정체성, 장애, 출신 지역, 학력, 병력, 외모, 나이, 가족 형태, 종교 등을 구실로 개인이나 특정 집단을 배제하거나 불리하게 대우하는 행위를 금지하는 '차별금지법'을 제정하자는 목소리가 점점 높아지고 있죠.

준을 만난 윤희는 한국으로 돌아와 이력서를 작성합니다. 준의 편지가 사랑을 찾아가는 시작이었다면 한 자 한 자 채워 가는 이력서는 나를 찾아가는 시작입니다. 사랑은 상대를 향하기도 하지만 자신을 향한 마음이기도 하죠. 아무도 사랑하지 못했던 윤희는 비로소 한 발을 내딛습니다. 물론 쉽지는 않을 겁니다. 세상은 아직도 정상과 비정상으로 가르기를 좋아하고, 차별과 혐오는 단단합니다.

하지만 윤희는 조금 달라졌습니다. 자기를 들여다볼 용기를 내기로 했으니까요. 영화 마지막에 윤희는 이렇게 말합니다.

"잘 지내니? 네 편지를 받자마자 너한테 답장을 쓰는 거야. 나 역시 가끔 네 생각이 났고 네 소식이 궁금했어. 모든 게 믿을 수 없을 만큼 오래전 일이 되어버렸네. 너는 네가 부끄럽지 않다고 했지? 나도 더 이상 내가 부끄럽지 않았으면 좋겠어. 그래, 우리는 잘못한 게 없으니까. 언젠가 내 딸한테 네 얘기를 할 수 있을까? 용기를 내고 싶어. 나도 용기를 낼 수 있을 거야."

윤희의 용기가 이 책을 읽고 있는 여러분에게 또 다른 용기로 다가갔으면 합니다. 윤희와 준이 겪었던 혼란과 좌절을 여러분은 덜 겪었으면 합니다. 그리고 마침내 어떤 사랑이든 용기 내지 않아도 되는 날이 오기를 바랍니다.

시네페미니즘의
세계에 온 것을 환영합니다

-

손희정

성평등을 키워드로 새로운 영화들을 만나 보니 어떤가요?

이렇게 페미니스트의 관점에서 영화를 보고, 만들고, 토론하는
태도를 '시네페미니즘'이라고 해요. '시네마+페미니즘'의 준말이죠.
한국어로 풀면 '여성주의 영화 이론'이라고 하고요. 페미니즘 운동
의 역사 속에서 등장했답니다.

왜 여성은 어머니나
여자 친구로 그려질까

100년 전만 해도 여성들은 교육을 받을 수도, 정치에 참여할 수도

없었어요. 여성은 너무 감정적이기 때문에 공부를 할 수도, 투표를 할 수도, 재산을 관리할 수도 없다고 생각했죠. 18세기 말부터 여성들은 이런 편견에 도전했습니다. 학습권과 교육권, 정치권, 경제권을 요구하는 목소리는 19세기 말부터 20세기 초까지 서구에서 펼쳐진 여성 참정권 운동으로 이어졌어요. 영화 〈서프러제트〉(2015)가 영국의 여성 참정권 운동을 잘 보여 주죠.

교육·정치·경제 등 공적인 영역에서 여성이 남성과 동등한 권리를 누려야 한다는 외침. 그것이 바로 페미니즘 운동의 첫걸음입니다. 이 뜨거운 흐름을 페미니즘 제1물결이라고 해요. 여성들은 끊임없이 가부장제 사회와 싸우면서 기본적인 권리들을 얻어 냈어요. 학교에 가고, 정치인을 뽑고, 일하면서 돈을 벌고 자기 이름으로 재산을 가질 수도 있게 되었죠.

하지만 곧바로 성평등한 사회가 된 건 아니었습니다. 남성을 인간의 표준으로 여기고 여성은 남성성의 결핍으로 보면서 남성이 여성을 소유할 수 있다고 생각하는 여성 혐오를 극복하지 않는다면, 차별과 폭력은 계속될 수밖에 없었어요.

1960년대 말, 여성들은 제도 이면에 놓여 있는 문화 자체가 부당하다는 것을 깨닫습니다. 법에는 여성과 남성이 동등한 권리를 누릴 수 있다고 쓰여 있지만, "너는 여자니까" "너는 어머니가 될 사람이니까"라는 말과 함께 벌어지는 일상적인 성차별은 쉽게 해결되지 않았거든요. 특히나 이런 일들은 아주 사적인 일로 치부되었기 때문에 공론화가 어려웠어요.

그래서 페미니스트들은 "개인적인 것이 정치적인 것"이라고 외칩니다. 앞서 〈툴리〉에 대해 이야기할 때 살펴봤던 것처럼요. 그리고 여성을 '제2의 성'으로 만드는 문화를 비판합니다. 타고난 신체가 인간의 성격을 결정짓는 게 아니라는 거예요. 우리는 아름다운 시, 재미있는 영화, 즐거운 노래, 신나는 놀이 등 여러 가지 문화 활동을 통해서 사회가 규정한 남성다움과 여성다움을 학습한다는 뜻입니다. 걸 그룹이나 드라마 속 여성 캐릭터를 보고 흉내를 내면서 '여성스럽게' 행동하는 법을 배우듯이 말이죠. 여성들은 이런 문화 활동 안에서 외모 평가에 시달리고, 누군가의 어머니, 누군가의 여자 친구로만 불리며 돌보는 역할을 강요당하고 있다고 지적했어요. 페미니즘 제2물결이라 불리는, 본격적인 '페미니스트 문화 운동'의 태동이었습니다.

시네페미니즘의 네 가지 입장

시네페미니즘은 페미니즘 제2물결과 함께 나타났습니다. 당시 페미니스트들은 대중문화, 특히 영화·드라마·뉴스 등 미디어에서 재현하는 남성 중심적 관습을 비판하고 더 많은 여성 서사와 여성이미지를 보고 싶어 했어요. 이 요청이 시네페미니즘을 탄생시킨 거죠.

그런데 정말 흥미로운 건 말이에요. 시네페미니즘은 하나의 목소리가 아니라는 거예요. "열 명의 페미니스트가 있으면, 열 개의 페미니즘이 있다"는 말에서 알 수 있듯, 페미니즘은 동일한 생각이 아니라 다양한 생각들이 서로 교차하고 갈등하면서 공존하는 여러 관점들의 집합이죠. 시네페미니즘도 마찬가지예요.

시네페미니즘은 간단히 네 가지 입장으로 정리할 수 있어요. 먼저, '개념녀 vs. 김치녀' 같은 이분법적 고정관념을 넘어 개성 있는 여성들이 주도하는 '여성 영화'가 필요하다는 입장이 있습니다. 영화에 여성 캐릭터가 얼마나 등장하는지, 여성의 이야기가 얼마나 풍부하게 그려지는지, 여성이 이야기에 동기를 부여하는 역할이자 독립적인 캐릭터로 활동하는지 등이 관심사죠. 그런 점에서 〈벌새〉와 〈우리집〉은 가부장제 사회가 무시해 온 소녀들의 이야기, 소녀들의 시간, 소녀들의 관계를 다루며 소년의 성장담 일색이던 한국 영화를 다채롭게 만들어 준 작품입니다.

또 다른 시네페미니스트들은 구조 자체를 문제 삼았어요. 여성을 단순한 볼거리로 만드는 주류 상업 영화의 관습을 비판하고, 여기서 빠져나와 실험적인 여성 영화를 제작해야 한다고 주장했습니다. 〈아이 필 프리티〉는 과감한 시도를 하는 영화라 보기는 어렵지만, 이런 입장에서 해석할 수 있는 작품입니다. 여성을 외모로만 평가하는 전통적인 시선에서 벗어나 '나다움'을 찾는 여성의 모습을 그려 내고 있으니까요. 꼭 실험 영화가 아니어도 남성 중심적인 시선 권력을 꼬집고 여성의 기쁨을 추구하는 영화가 가능하다는 것을 확인할 수 있죠. 더불어 〈당갈〉과 〈야구소녀〉는 여성의 자유로운 운동을 금지하는 사회에서 자기 몸과 화해하고 열심히 단련하는 여성 인물을 통해, 강한 여성 신체를 보는 즐거움을 제공합니다. 몸에 대한 관심은 〈피의 연대기〉로도 이어지는데요. 이 작품은 우리 사회가 월경에 덧씌워 온 온갖 고정관념을 뛰어넘어 그저 인구의 절반이 경험하는 생리 현상에 불과하다는 걸 보여 줍니다. 우리가 여성 신체를 있는 그대로 이해할 수 있도록 도와주죠.

시네페미니즘에는 여성 안의 다양성에 주목해야 한다는 입장도 있습니다. 기존 시네페미니즘의 논의가 너무 백인·시스젠더(의학적으로 지정된 성별과 성별 정체성이 서로 일치하는 사람)·이성애자·중산층 여성 중심이 아니었는지 반성하면서 등장한 목소리죠. 이 세 번째 입장은 성기 모양을 바탕으로 남성과 여성을 나누고, 그것을 기준으로 정상과 비정상을 갈라 소수자를 배제하는 성별 이분법적이고 이성애 중심적인 사회 역시 비판해요. 성소수자의 마음을 그리는 퀴어 영화(〈톰보이〉 〈윤희에게〉), 우리에게 낯선 이슬람 문화권 안에서 여성이 겪는 이야기(〈페르세폴리스〉)를 보세요. 차별은 성별로

만 이루어진 것이 아니라 인종·계급·신체 조건·성적 지향 등 다양한 요소로 이루어졌다는 사실을 알 수 있습니다.

  그리고 마지막으로, 시네페미니즘은 여성 문제와 함께 다양한 존재들의 공존에 관심을 가져야 한다는 입장이 있어요. 이런 생각을 하는 시네페미니스트들은 여성뿐만 아니라 다른 소수자의 목소리를 영화에 적극적으로 등장시켜 우리의 상상력을 넓혀야 한다고 주장하죠. 이게 무슨 말일까요? 네 번째 입장에 대해서는 4관과 5관의 영화를 만나 본 후에 좀 더 자세하게 이야기 나누기로 해요.

보이지 않는
힘을
볼 때

4관

톰 행크스도
무릎에 앉나요?

김시원

〈우먼 인 할리우드〉, 2018

2018년, 서울 용화여자고등학교 창문에 포스트잇으로 만든 글씨가 붙었습니다. WITH YOU, WE CAN DO ANYTHING, ME TOO. 졸업생들이 학창 시절 교사에게 받았던 성폭력 피해를 고발하자, 재학생들이 연대의 의미로 화답한 것이죠. 이들의 행동은 많은 공감과 지지를 받았고, 학교 내 성폭력을 폭로하는 스쿨 미투 운동이 전국으로 퍼져 나가는 계기가 되었습니다.

'미투 운동'은 사회운동가 타라나 버크가 시작했습니다. 성폭력 피해자에게 부끄러움을 강요하고 가해자를 감싸 주는 문화를 바꿔 피해자가 당당히 자신의 피해 사실을 말할 수 있도록 돕는 운동입니다. 10여 년이 지나 할리우드에 닿았고, 2017년 거물급 영화 제작자 하비 와인스타인의 성폭력을 밝혀낸 후 전 세계로 번지며 한국 용화여고에까지 이른 거예요.

하비 와인스타인은 〈굿 윌 헌팅〉〈시카고〉〈반지의 제왕〉 등 여러 작품을 연달아 흥행시키며 업계에서 입지를 다진 유명 인사입니다. 자신의 지위를 이용해서 30년간 성폭력을 일삼았죠. 그의 보복이 두려워 이야기하지 못했던 많은 이들은 '미투'라는 이름 아래 뭉쳤습니다. 안젤리나 졸리, 기네스 펠트로, 우마 서먼, 로즈 맥고완 등 슈퍼스타를 비롯한 수많은 영화배우와 관계자들이 자신의 피해를 증언했습니다.

그리고 1년 뒤, '카메라 뒤의 현실'을 조명한 다큐멘터리 영화가 개봉했습니다. 〈우먼 인 할리우드〉입니다. 메릴 스트립, 샤론 스톤, 케이트 블란쳇, 산드라 오 등 할리우드의 유명 배우와 감독들이 한곳에 자리했습니다. 화려한 영화 산업 이면의 불평등과 차별을 논하기 위해서요. 이들은 입을 모아 이야기합니다. 하비 와인스타인의 성폭력은 하루아침에 일어난 일이 아니며, 할리우드에는 지독한 성차별이 존재한다고요.

82명 대 1688명

킴벌리 피어스 감독은 1999년 〈소년은 울지 않는다〉로 능력을 인정받았습니다. 각종 영화제에서 수상했고 1100만 달러의 수익을

냈으며 주연 배우 힐러리 스웽크는 아카데미 여우주연상을 받았습니다. 그러나 이후 9년 동안 작업을 할 수 없었습니다. 여자 감독이라는 이유로 투자를 받는 데 어려움이 있었기 때문입니다.

영화는 막대한 비용이 필요한 산업입니다. 세트장과 여러 특수 효과가 필요하고 배우와 무수한 스태프를 고용해야 합니다. 제작 기간도 짧게는 몇 개월에서 길게는 몇 년까지 걸립니다. 모든 과정에 큰돈이 듭니다. 보통 억 단위, 그 이상이죠.

감독이나 시나리오 작가 개인이 마련할 수 있는 금액이 아니기 때문에 오늘날 영화 제작은 대부분 제작사를 통해 이루어집니다. 제작사에서 여러 각본을 검토하며 어떤 영화를 제작할지 결정하고 배우 섭외, 영화 촬영에 필요한 자금을 투자해 줄 곳을 찾죠. 투자자는 더 큰 수익을 올릴 수 있다고 판단한 작품을 선택합니다.

문제는 제작사와 투자사의 관계자 다수가 남성이고, 이들이 남성 감독을 선호한다는 데 있습니다.

투입되는 비용이 늘어날수록 제작사와 투자사는 흥행을 확신할 수 있는 영화를 선호하게 되었습니다. 그들은 남성의 이야기가 인기가 많으며 남성 감독의 실력이 뛰어나다고 생각했습니다. 영화는 '여자는 힘과 기술이 부족하다는 편견' '감독은 전투적이고 공격적이어야 한다는 고정관념'이 여성 감독의 기회를 제한하고 있다고 설명합니다. 그러는 사이 남성 감독의 영화는 배급을 더 많이 받고 더 많이 상영되고 홍보에 더 많은 돈을 씁니다. 그러면 두 번째, 세 번째, 네 번째 영화 제작이 쉬워집니다.

세계적인 영화제로 손꼽히는 칸 국제영화제는 71년 동안 남성 감독 1688명을 초청했습니다. 여성 감독은 82명만이 초청받았죠. 능력이 없어서가 아니라 기회가 주어지지 않았기 때문입니다. 영화계의 성 불평등을 드러내기 위해, 여성 영화인 82명은 제71회 칸 국제영화제에서 특별한 퍼포먼스를 했습니다. 한 명씩 주목받으며 등장했던 레드 카펫 위에 한꺼번에 나타나 손을 잡고 행진한 거예요. 〈트와일라잇〉으로 유명한 배우 크리스틴 스튜어트, 〈캐롤〉의 주인공 케이트 블란쳇 등이 함께했습니다. 그리고 이렇게 외쳤습니다. "우리는 카메라 앞뒤에서 남자 동료들과 어깨를 나란히 하고 경쟁하는 세상을 원한다."

여자 1, 여자 2를 넘어서

'누가' 이야기를 재현하는지는 '누구의' 이야기를 다루는지에 큰 영향을 끼칩니다.

다음 세 가지 기준을 통과하는 영화를 떠올려 보세요. 첫째, 이름이 있는 남성 인물이 두 명 이상 등장한다. 둘째, 그들이 대화를 나눈다. 셋째, 대화의 주제는 여성 인물과 관련이 없다. 아마 이 기준을 통과하지 못하는 영화는 거의 없을 테죠. 영화의 주요 인물은 거의 남성이고 그들은 모험과 돈, 성공 등 다양한 주제로 이야기하니까요. 그런데 성별을 바꾸면 결과는 어떻게 될까요?

사실 위의 세 기준은 '벡델 테스트'에서 성별만 달리한 것입니다. 영화에 이름 있는 여성 인물이 두 명 이상 등장해, 남성 인물과 관련 없는 이야기를 나누는지 살펴보는 테스트죠. 코웃음을 칠 정도로 간단한 기준 같아 보이지만 통과하는 영화는 많지 않습니다. 벡델 테스트 사이트에 가 보면 60퍼센트가 채 되지 않아요.

우리나라 영화 대부분도 주요 인물이 남성입니다. 역대 한국 영화 흥행작 1~3순위는 순서대로 〈명량〉 〈극한직업〉 〈신과 함께: 죄와 벌〉인데, 이름이 있는 여성 인물 수부터 부족하죠. 〈극한직업〉에는 비중 있는 여성 인물들이 나오지만 남성 인물과 상관없는 이야기를 나누진 않습니다.

영화계는 오랫동안 주류 남성들이 주류 남성의 이야기를 재현해 왔던 곳입니다. 여성이나 소수자와 같은 '비주류'의 삶은 잘 보이지 않았습니다. 간혹 등장한다 하더라도 정형화된 이미지로 그려졌죠. 섹시하고 아름다운 여성, 소심하지만 성실한 아시안, 가난하지만 흥이 넘치는 흑인은 마치 공식처럼 되풀이되었습니다.

남성 인물은 수가 많다 보니 질적으로나 양적으로나 다양하게

표현됩니다. 성격도 외모도 가치관도 제각각입니다. 정의감이 투철한 사람과 자신의 이익을 위해서라면 수단과 방법을 가리지 않는 사람. 무척 영리한 사람과 그렇지 않은 사람. 또 서사를 이끌어 가는 역할이라 주체적이고 입체적으로 묘사되는 경우가 많습니다.

반면 여성 인물은 아예 나오지 않거나 이야기의 중심에서 벗어나 있는 역할입니다. 이름도 없이 '○○ 어머니' '학생 1'로 등장하고, 행동은 단조롭습니다. 인물의 생각이나 감정, 욕망은 나타나지 않습니다. 물론 모든 영화의 주인공이 여성이어야 하는 건 아니죠. 영화마다 다루고자 하는 주제가 있고 그에 따라 주요 인물과 이야기의 흐름은 달라지기 마련이니까요. 다만 이런 현상이 영화계 전반에 걸쳐 관찰된다면 분명 차별이 존재한다는 의미입니다.

영화에서 주요 배역을 맡은 남성을 찾기 어려워 이름이 있는 남성 인물이 두 명 이상 등장하는지 따져 봐야 하는 사회를, 평등하다고 할 수 있을까요? 그 반대도 마찬가지일 뿐입니다.

볼 수 있으면
될 수도 있다

영화 제작 과정을 들여다보면 놀라움의 연속입니다. 세트장에 있는 소품 하나, 배우의 머리 색깔과 옷차림까지 섬세하고 치밀하게 계획된 결과입니다. 어떤 각도에서 무엇을 중점적으로 카메라에 담을지도 미리 설계되어 있습니다. 그러니까 스크린에 등장하는 모든 것에는 영화를 만드는 사람들의 의도가 담겨 있는 셈입니다.

〈렛 미 인〉의 주인공 '클로이 모레츠'는 열여섯 살에 가슴을 더 커 보이게 하는 보정 속옷을 입어야 했습니다. 제작사의 지시였죠. 이 작은 소품의 의도는 무엇이었을까요? 공포 영화 〈스크림〉에 출연한 로즈 맥고완은 자신이 나온 영화를 잘 보지 않는다고 말합니다. 남성 감독의 시선으로 자기 몸을 바라보게 되기 때문입니다. 그의 말대로 카메라는 맥고완의 엉덩이와 가슴을 집요하게 비춥니다. 카메라의 시선이 전하는 메시지는 무엇이었을까요?

스크린 속에서 여성은 이야기를 주도하는 역할이나 우수한 연기력이 아닌 그저 아름다운 외모를 요구받았습니다. "배우가 아니라 여배우"였고 그의 몸은 성적 대상으로 그려지곤 했습니다. 마블의 어벤져스 시리즈에서 블랙 위도우를 연기한 스칼렛 조핸슨은 불쾌한 질문까지 들었죠. 한 인터뷰 진행자가 토니 스타크를 연기한 남배우에게 캐릭터에 어떻게 접근했고 영화를 찍으며 무엇을 배웠는지 묻더니, 조핸슨에게는 몸매를 유지하기 위한 식단이 무엇인지 물었던 거예요. 배우로서의 생각·감정·욕망보다 겉모습을 중시하고, 여성 캐릭터를 예쁜 인형처럼 여긴다는 점을 노골적으로 드러내는 질문이었습니다.

영화에 섹시한 여성과 소극적인 여성이 없어야 한다는 의미가 아닙니다. 다양한 외모와 성격, 가치관을 가진 여성도 나와야 한다는 뜻이죠. 페미니스트 소설가 치마만다 응고지 아디치에의 말처럼, '고정관념은 하나의 이야기를 유일한 이야기로' 만듭니다.

2008년 〈아이언맨〉을 시작으로 큰 인기를 끈 어벤져스 시리즈의 주요 캐릭터는 거의 남성이었습니다. 아이언맨, 토르, 캡틴 아메리카의 단독 주연 영화가 상영되는 동안 블랙 위도우에게는 기회가 주어지지 않았습니다. 그러다 2019년 〈캡틴 마블〉과 2021년 〈블랙 위도우〉가 개봉합니다.

두 작품은 기존 히어로 영화의 암묵적 공식을 깨고 여성을 영웅의 자리에 놓습니다. 남자 주인공의 아리따운 여자 친구가 악당에게 붙잡히고, 주인공이 그녀를 멋지게 구하는 패턴을 따르지 않습니다. 〈캡틴 마블〉의 캐럴 댄버스는 압도적인 힘으로 모든 적을 말끔히 물리치고 지구를 지켜 내는 역할을 맡죠. 〈블랙 위도우〉 속 여성들도 구원자를 기다리지 않아요. 나타샤 로마노프와 힘을 합쳐 위기에서 탈출합니다. 색다른 서사에 사람들은 열광했습니다.

한국 영화에서도 여성의 이야기가 늘어나고 있습니다. 이 책에 소개된 〈벌새〉 〈우리집〉 〈야구소녀〉 〈윤희에게〉처럼요. 소녀들의 생각과 감정에 주목하고, 달리고 넘어지며 강해지는 여성을 묘사합니다. 중년 여성의 삶과 사랑을 조명합니다. 등장하는 여성의 수가 많아지는 것을 넘어, 기존의 영화보다 다채로운 이야기를 전합니다.

우리는 경험한 것을 바탕으로 새로운 미래를 꿈꿉니다. 예전에 어린이들은 신데렐라나 백설공주, 인어공주 드레스를 찾았습니다. 〈겨울왕국〉이 흥행한 뒤에는 엘사의 드레스가 불티나게 팔렸죠. 미국 과학수사물 CSI 시리즈에 여성 법의학자가 등장하면서 법의학을 배우는 미국 여성의 수가 많아진 것도 이와 같은 맥락입니다.

무엇을 보느냐는 곧 가능성을 의미합니다. 〈우먼 인 할리우드〉는 말합니다. "볼 수 있으면 될 수도 있다."

함께 오르지 않으면
정상엔 못 올라가

황고운

◇◇

〈히든 피겨스〉, 2016

역사 속 과학자 하면 누가 생각나나요? 아인슈타인, 뉴턴, 에디슨, 갈릴레이…. 교과서나 책에서 많이 봤을 이 유명 과학자들의 공통점, 찾았나요? 모두 남성입니다. 여성 과학자 하면 떠오르는 사람은 마리 퀴리 정도일 거예요.

여성 과학자를 상상하기 어려운 건 어찌 보면 당연합니다. 1901년부터 2020년까지 나온 노벨 과학상 수상자 624명 중 여성은 23명에 불과하니까요. 하버드대학교 총장이었던 로런스 서머스의 말처럼 "과학 기술 분야에서 여성이 출세하지 못하는 것은 태어날 때부터 남자보다 열등하기 때문"이 아닙니다. 바로 이런 성차별적인 인식 때문이죠.

17세기 독일에서는 여성 천문학자가 공식 교육을 받을 기회가 없었어요. 마리아 빙켈만은 꿈을 이루기 위해 서른 살 연상인 천문학자와 결혼했습니다. 그의 조수로 일하다 1702년 새로운 혜성을 발견했지만 발견자는 남편의 이름으로 기록되었어요. 남편이 죽은 후엔 여성 천문학자를 향한 노골적인 냉대 때문에 천문대를 떠났고요.

물리학자 리제 마이트너의 경우는 어떤가요. 1938년 핵분열의 원리를 찾아냈음에도 공동 연구자인 남성 동료 오토 한만 노벨상을 받아 많은 과학자와 언론인이 불공정하다고 목소리를 높였습니다. 독일의 수학자 에미 뇌터는 현대 대수학(수 대신에 x, y와 같은 문자를 사용해 방정식의 풀이 방법 등을 연구하는 학문)의 기틀을 세우고 물리학의 발전에 크게 이바지했는데 여성이고 유대인이라는 이유로 교수직을 맡기 어려웠죠.

과학자를 그려 보세요

비슷한 역사들이 쌓여 직업인을 그려 보라고 하면 열 명 가운데 여덟 명은 과학자를 남성으로 그리는 현실이 되었습니다. 저학년에서 고학년으로 갈수록 과학 캠프에 참여하는 여학생 수가 줄어드는 것도 이와 무관하지 않다는 생각이 들었어요. 그래서 학생들과 함께 일상 속 불편을 개선한 과학자를 발견하는 시간을 가졌습니다.

학생들은 와이파이와 수정액, 자동차 와이퍼를 발명한 과학자가 모두 여성이라는 것에 적잖이 놀랐습니다. 특히 음식물 쓰레기 건조기를 발명한 여성이 가사노동 경력 20년 차 전업주부이며, 음식물 쓰레기를 연료로 사용하는 방법까지 연구 중이라는 데서 눈이 반짝였습니다.

일상의 불편을 해결하는 것이 발명의 시작이고, 발명하는 데 필요한 호기심이 과학의 기초입니다. 그렇다면 '과학자'의 모습은 '흰 가운을 입고 화학 실험을 하는 남성'이 아니어도 되지 않을까요?

화학자 거트루드 엘리언은 처음으로 백혈병 치료제를 개발해 냈습니다. 대학원에 있었던 성차별 때문에 연구비 지원을 받지 못했지만, 일하는 틈틈이 실험하며 연구를 계속한 결과였죠. 차별 속에서도 포기하지 않았던 그의 노력이 없었다면 많은 환자들을 살릴 수 없었을 거예요.

뉴턴 과학에 능통했던 에밀리 뒤 샤틀레는 철학자 볼테르가 과학책을 번역할 때 도움을 주고 그와 함께 열과 빛, 불을 탐구했습니다. 프랑스 과학 아카데미에 (이후 적외선으로 밝혀진) 빛의 힘에 관한 논문을 남몰래 제출해 인정받았어요. 그러나 아카데미는 샤틀레에게 회원 자격을 주지 않았습니다. 노벨상을 두 번이나 수상한 마리 퀴리조차 회원으로 받아들이지 않았으니, 정해진 결론이었을까요.

〈히든 피겨스〉는 이 뿌리 깊은 과학계의 성차별적 인식을 뒤흔드는 영화입니다. 미국과 소련이 로켓 발사를 두고 민감하게 경쟁하던 1960년대에, 미국항공우주국 '나사NASA'의 계산원으로 일했던 세 흑인 여성의 이야기를 다루고 있죠. 숱한 편견을 극복하고 뛰어난 능력을 펼쳐 결국 인간을 우주로 보내는 데 기여한 숨겨진 영웅들을 만날 수 있습니다.

끝없이 바뀌는 결승선

'캐서린'은 웨스트버지니아대학교에 조기 입학한 수재입니다. 해석기하학에 능해서 중책을 맡게 되었습니다. 로켓이 우주에서 타버리지 않고 무사히 돌아오도록 궤도를 정확히 계산해 내는 일이었죠. 이 업무를 담당하는 부서에 유색인종 여성이 들어온 건 처음이라, 캐서린은 자신을 낯설어하는 백인 남성 직원들에게 온갖 차별을 받습니다. 어떤 사람은 그가 청소부인 줄 알고 쓰레기통을 비우라 하고, 동료 폴은 핵심 자료를 감춘 채 기초 업무만 맡깁니다. '여직원은 연구 발표에 참여한 적 없다'며 능력을 보여 줄 기회까지 박탈하려고 합니다. 부서 책임자 해리슨은 캐서린이 뻔히 앞에 서 있는데도 옆에 있는 부하 직원에게 한마디 합니다. "해석기하학 다룰 줄 안대?"

고정관념을 의심하지 않으면 편견은 상식이 됩니다. 차별하는 사람들의 당당한 태도에도 화가 나지만, 정말 가슴이 아픈 건 계속 능력을 의심받으면서도 그런 분위기에 익숙한 캐서린의 모습입니다.

차별은 의외로 평범한 얼굴을 하고 있습니다. 무심코 주고받는 사소한 표현들 속에 녹아 있어요. '역시 남자라 그런지 강하네' '여자가 조잘거리는 매력이 있어야지' '흑인치고는 예쁘시네요' '장애를 딛고 놀라운 성과를 보여 줬어'와 같은 말들이죠. 이처럼 성별, 인종, 장애 등과 관련해 작지만 차별적인 언행을 '먼지 차별'이라고 합니다. 이런 말을 들을 때 반대하고 나서면 오히려 유난스러운 사람이 되어버리죠. 그래서 차츰 반박을 그만두게 되고, 차별적 인식은 '그래도 되는 일' '그래야 마땅한 일'이 됩니다.

먼지 차별에 지친 것일까요. 또 다른 주인공 '메리'는 엔지니어 훈련 과정에 참여해 보라는 상사의 권유에 "전 흑인 여성이에요. 불가능한 일을 꿈꾸긴 싫어요"라며 포기하려 합니다. 백인 남성이었다면 엔지니어의 꿈을 꿀 거냐는 물음에는 "그럴 필요도 없죠. 벌써 되었을 테니까" 하고 대답할 만큼 자신감이 있으면서도 말이에요.

여러 번 주저한 끝에 도전했더니 이번엔 회사 규정이 바뀝니다. 학위만 있으면 지원할 수 있었는데, 메리가 나서니 버지니아대학교에서 고급 강좌를 들어야 한다는 거예요. 그 대학은 흑인 여성을 받지 않는 곳이었고요. 엔지니어가 되려면 흑인도 백인이 듣는 수업에 참석할 수 있게 해 달라는 소송부터 걸어야 했습니다. 차별은 태연합니다. 나란히 서려고 하면 결승선을 옮겨버려요.

그렇게 차별이 심해지고 오래되면 너무나 익숙해진 나머지 눈에 잘 보이지 않습니다. 차별하고 있다는 걸 인지하지 못한 채 자연스럽게 내면화하죠. 개인들은 사회의 관습에 따라 열심히 자신의 역할을 다할 뿐이지만 차별을 재생산하게 됩니다. 이 현상을 구조적 차별이라고 합니다. 예를 들어 여성과 남성이 같은 일을 하면서 남성보다 적은 임금을 받는다면 누구나 부당하다고 느낄 테죠. 하지만 여성이 애초에 낮은 임금을 받는 직업을 갖는 현상은 어떻게 생각하나요? 차별이라는 생각이 바로 들지 않고, '그건 개인의 선택 아냐?'라는 생각이 들지는 않았는지요.

여성 과학자 이야기로 돌아가 봅시다. 과학 분야에 여성의 능력을 인정하지 않고 연구 지원도 주저하는 분위기가 있다면, 과연 여성들이 이 분야에 진출하려고 할까요? 이런 이유로 여성 과학자 수가 적다면 성과를 내는 비율도 낮을 테고, 과감하게 도전했다가 실패하는 경우라도 생기면 '여자는 과학을 못한다'는 인식이 강해지겠죠. 지원을 받기는 더 어려워질 거고요.

차별의 고리는 순환하며 손쉽게 이어집니다. 긴 시간 지속되어 온 것이라 합당해 보이고 어떤 개인의 잘못을 짚기 어렵습니다. 구

조적 차별은 눈에 바로 띄지 않으니까요.

　이는 차별당하는 이들에게마저 깊숙이 스며듭니다. 같은 여성이 '흑인 여성의 지위가 낮은 건 그럴 만하다'고 생각하고, 나서서 흑인 여성을 차별하는 식입니다. 세 번째 주인공 '도로시'에게 계산실 주임이 하는 업무를 맡기면서도 회사의 입장을 핑계로 승진시켜 주지 않는 백인 여성 미첼이 그렇습니다. 계산 기계를 들인 뒤로는 유색인종 계산원들을 내보내려고도 해요. 하지만 그 또한 여성으로서는 차별받고 있습니다. 나사가 백인 남성의 주도 아래 운영되고 있고, 미첼이 근무하는 곳엔 여성들만 있는 것을 보면 미첼도 한계가 있는 직장 생활을 하고 있다는 걸 짐작해 볼 수 있죠.

변화는 매끄럽지 않다

세 여성이 구조적 차별에 맞서는 방법으로 선택한 것은 퇴사가 아니었습니다. 도로시는 동료들과 계산 기계 다루는 기술을 공부해서 유색인종 계산원의 일자리를 지킵니다. 캐서린은 훌륭한 실력으로 궤도 계산의 정확도를 높였고, 해리슨은 그에게 기회를 더 자주 주기 시작합니다. 메리는 버지니아주에서 백인과 함께 수업을 듣는 최초의 흑인 여성이 되었고요.

　다만 잊지 말아야 할 점이 있어요. 차별은 여전히 너무나도 뻔뻔

한 표정으로 남아 있다는 사실입니다. 〈히든 피겨스〉는 실화를 다루지만 변화를 만들어 내는 과정이 아주 매끄럽고 극적으로 그려져 있어서, 마치 차별과 싸우는 일이 쉬운 것처럼 느껴지거든요.

인종차별 연구의 권위자이자 사회과학자인 데이비드 윌리엄스는 "'나는 한 번도 누군가를 차별한 적이 없다'고 말하는 사람이야말로 차별적인 행동을 하기에 최적화된 사람일 수 있다"라고 했습니다. 모든 사람이 평등해야 한다는 원칙에는 다들 동의하지만, 행동할 때는 무의식적으로 갖고 있는 편견이 작동한다는 말입니다.

당연해 보이는 모습에 자꾸 질문해 보세요. '100년 뒤에 보면 아주 촌스럽고 폭력적인 차별은 아닐까?' 하고요. 어렵다면, "이건 차별이에요"라고 지적하는 불편한 목소리에 한 번 더 귀 기울여 보는 건 어떨까요.

"함께 오르지 않으면 정상엔 못 올라가." 캐서린은 흑인 여성이니 규정상 회의에 들어갈 수 없다는 폴에게 해리슨이 던진 말입니다. 부당한 대우를 받는 캐서린 옆에 서 준 거죠. 메리에게는 도전을 권한 상사와 뒤늦게 자신을 지지한 남편이, 도로시에게는 믿고 따라와 준 동료들이 있었어요. 남들이 '차별적인 이 세상은 바꿀 수 없다'고 말할 때마다 세 친구가 서로를 응원하기도 했고요. 마침내 멋진 여정을 만들어 냈죠. 어때요, 여러분도 차별을 부수는 목소리에 힘을 실어 보지 않을래요?

난
씨앗이
될 테니까요

황고운

◇◇◇

〈루스 베이더 긴즈버그〉, 2019
〈김복동〉, 2019

3월 8일, 성차별의 역사를 돌아보고 우리가 나아갈 방향을 이야기하려던 날이었어요. 칠판에 '세계 여성의 날'이라고 쓰자마자 작은 투덜거림이 들려왔습니다. "쳇, 세계 남성의 날은 왜 없냐?" 호기심이 아니라 비아냥에 가까웠죠.

11월 19일이 국제 남성의 날이며 긍정적인 남성 롤 모델에 주목한다는 의의가 있다고 설명했습니다. 이어서 생존권과 참정권을 상징하는 빵과 장미를 들고 행진하는 세계 각지의 여성의 날 행사를 소개한 뒤, 왜 남성의 날과 달리 대대적으로 기리는 유엔 공식 기념일이 되었는지 이야기해 나갔습니다. 학생들은 곧 마음을 열고 공감했습니다. 하지만 저는 반감 섞인 질문에 조금 움츠러들고 말았습니다.

성평등과 여성의 권리를 강조하는 목소리는 오래전부터 있었습니다. 가정 폭력을 사회 문제로 만들었고, 성폭력 처벌법부터 온라인 성 착취 방지법까지 여러 법을 꾸준히 마련하는 데 큰 역할을 했죠. 호주제와 낙태죄를 폐지하며 미투 운동을 지속하는 힘이 되었습니다.

이때마다 위협을 느끼는 이들의 반발이 있었습니다. 노골적인 공격도 비일비재했어요. 교내 성평등 동아리 홍보 벽보를 엉덩이 깔개로 사용하거나 동아리 회원인 동급생을 조롱하기 위해 일부러 성차별적인 말을 하는 것처럼요. 변화를 일으키려 노력해도 자꾸만 원점으로 되돌아가는 듯한 현실에 많은 이들이 좌절을 겪었습니다.

평등한 판결 심기

일평생 성평등을 위해 싸웠던 인물, 미국의 진보와 보수 모두의 존경을 받는 독보적인 법률가 '루스 베이더 긴즈버그'도 그랬습니다.

스무 살의 긴즈버그는 하버드대학교 로스쿨에 입학한 뒤 원장에게 초대받은 식사 자리에서 이런 말을 들었어요. "왜 굳이 남자들 자리를 빼앗으면서까지 입학한 건가요?"

당시 미국 사회에는 여성의 자리가 없었습니다. 여자는 직업을 갖고 일하기보다 아이를 돌보고 가족 경조사를 챙기는 일에 적합하다고 여겼습니다. 제2차 세계대전으로 남자들이 전쟁에 나가면서 부족해진 일자리를 채웠고, 남성과 똑같은 일을 할 수 있다는 걸 보여 줬지만 전쟁이 끝나자 남편과 아들의 복직을 위해 부엌으로 쫓기듯 돌아가야 했죠.

'남자의 자리를 차지한' 여성을 질책했던 그 시절, 긴즈버그는 가는 길마다 염려와 반대에 부딪혀야 했습니다. 수석으로 학교를 졸업했는데도 여성을 고용하는 법률 사무소는 뉴욕에 존재하지 않았어요. 직장을 구하지 못해 재판 연구원으로 일하게 되었죠. 그러다 컬럼비아대학교 로스쿨의 교수가 되었습니다. 스스로 그만두지 않는 한 평생 일할 수 있는 조건으로요. 여성으로서는 최초였습니다.

이후에는 연방항소법원 판사, 연방대법원 대법관을 맡았습니다. 하지만 여성의 자리가 더 많아질까 두려웠던 걸까요? 누군가 '대법관 아홉 명 중 몇 명이 여성이 되어야 충분하겠냐'는 질문을 던졌고, 그는 '아홉 명'이라고 답해 사람들을 놀라게 했습니다. 남성 아홉 명이 연방대법원을 이끌었을 땐 누구도 의문을 품지 않았으며 아무도 그런 질문을 하지 않았다는 사실을 일깨운 것입니다.

백래시Backlash. '사회·정치적 변화로 자기의 영향력이나 권력이 줄어든다고 느끼는 다수가 강한 반감을 갖고 반격하는 현상'을 가리키는 말입니다. 긴즈버그는 자신이 가장 잘하는 분야에서 이 문

제를 해결해 나갔습니다. 바로 평등한 판결을 남기는 일이었어요. 임신했다는 이유로 부당하게 해고된 여성, 아이를 혼자 키우는데도 '엄마'가 아니라서 육아 복지 혜택을 받지 못했던 남성, 남성 동료와 조건이 같아도 동등한 대우를 받지 못하는 여성 공군 등을 위한 재판에서 이겨 편견이 만든 기존의 법을 개선했습니다.

현장에 직접 나가 시위할 수도 있지만 변화란 단계적으로 천천히 일어날 수밖에 없다고 생각했습니다. 당장 답답해도 서두르지 않고 공들여 재판을 준비해서, 성별 임금 격차를 줄이고 여성과 소수자의 권리를 확대하려고 힘썼습니다. 변화를 거부하는 움직임과 줄기차게 싸웠죠. 그의 대법관 입장문은 이렇게 시작합니다. "나는 반대한다(I dissent)…."

차별이 합리적으로 보이는 사회에서 차별받는 사람의 입장을 대변하는 건 언제나 반대에 부딪히기 쉽습니다. 그래도 차별을 모르는 척할 수 없었던 긴즈버그는 묵묵히 자신만의 길을 걸었습니다. 소송에서 승리하고 법이 보완되면서 미국은 성평등한 사회에 한 걸음씩 가까워졌죠. 그렇게 50여 년이 흘러 지금, 미국의 성차별적 인식을 바꿔 낸 가장 위대한 인물로 많은 미국인이 긴즈버그를 꼽게 되었답니다.

침묵의 땅에서 솟은 외침

한국 여성의 역사는 미국과 크게 다르지 않았습니다. 여자는 집안 일을 하고 농사 정도만 지으면 된다는 생각이 지배적이었으니까요. 그러다 1950년 6·25 전쟁으로 군인이 되거나 죽거나 다친 남성들이 가족을 부양할 수 없게 되면서 여성은 가장이 되었습니다. 가정부로 취직하거나 시장을 돌아다니며 물건을 팔고 음식점을 차렸습니다. 공장에 나가서 섬유, 봉제, 가발 등을 생산하는 일에 뛰어들었습니다. 열악하고 고되었지만 남성처럼 노동하며 경제권을 갖고 대학까지 나올 수 있다는 것을 경험했고, 어느덧 세상이 변해 여성도 남성과 같은 일을 할 수 있는 시대가 되었습니다.

그러나 '여기는 여자의 자리가 아니야'라는 메시지는 여전히 우리 주변을 떠돌고 있습니다. 여성의 일, 결혼, 모성을 다양한 방식으로 깎아내리다 보니 서로 앞뒤가 맞지 않을 정도입니다. "여자들 때문에 회사에 남자들 승진할 자리가 줄었어. 어차피 애 낳으면 그만둘 거면서." "아이 낳고도 일하겠다는 건 욕심이지." "요즘 여자들 이기적이야. 결혼도 안 하고, 애도 안 낳고 계속 일하려고 해."

여러 일터에 퍼져 있는 권력형 성폭력을 고발했던 미투 운동에는 백래시가 쏟아졌습니다. 성폭력을 은폐하는 문화를 바꾸려 하지 않고, '여자와 회식하지 않기' '여자와 같이 일하지 않기' '여자를 고용하지 않기'로 대응했습니다. 가장 많았던 백래시는 '2차 가해'였습니다. 주로 피해자를 비난하고, 피해 사실을 믿지 않으며 피해를 입어도 마땅하다고 단정 짓는 식으로 나타났습니다. 1차 가해만큼이나 고통을 주고, 성폭력 피해자에 대한 잘못된 사회적 인식을 만들었죠. '성폭력을 당한 것은 부끄러운 일이다' '피해자의 옷차림이나 행동거지 때문에 성폭력이 일어난 것이다' 같은 말들입니다.

이런 통념 때문에 성폭력 피해를 고발하지 못했던 이들이 있습니다. 일본군 '위안부' 피해자입니다. 1945년 일본의 패전 이후 고향에 어렵게 돌아온 피해자들은 고문과 구타, 성폭력의 후유증으로 극심한 신체적·정신적 고통에 시달렸습니다. 무엇보다 주위의 시선과 편견 때문에 긴 세월을 침묵 속에서 지내야 했어요. 1988년에야 활동가들이 이 사실을 고발했는데 일본 정부는 부인했죠. 이에 1991년 김학순 할머니가, 1992년에는 김복동 할머니가 나섰습니다.

〈김복동〉은 피해자에만 머물러 있지 않았던 '김복동' 할머니를 조명합니다. 국내 수요집회(일본군 '위안부' 문제 해결을 위한 정기 수요시위)는 물론, 일본·미국·독일 등 세계 각국을 다니면서 일본의 반성을 촉구하고 피해 사실을 증언하는 모습을 전합니다. "일본 아베는 들어라. 내가 증인이다. 일본은 사죄하라!" 생존자들을 위해 투쟁하며 쩌렁쩌렁 외치는 한 명의 꼿꼿한 여성 인권 운동가를 만날 수 있죠.

영화는 할머니의 사망까지 담고 있어서, 관객들에게 '이제 어떻
하지?'라는 물음을 남깁니다. 자연히 답을 찾아야 할 이는 영화를
본 우리들이라는 점도 깨닫게 해요.

일본군 '위안부' 문제는 여전히 진행 중입니다. 2015년 일본과
한국 정부가 10억 엔에 마무리 짓자고 합의했지만 할머니들이 참
여하지도 동의하지도 않은 독단적인 협상이었죠. 명예와 인권 회
복을 위해 싸워 온 할머니들의 노력을 수포로 돌아가게 했다는 비
판이 뒤따랐습니다. 이후 일본 정부는 진정으로 사과하고 책임지
는 모습을 보여 주지 않고 있고요. 그래서 수요집회는 계속되고 있
습니다. 문제를 해결하는 길은 아직 멀고 험난합니다. 김복동 할머
니는 약 30년 동안 평화를 외치다 돌아가셨으니, 변화를 위해 헌신
한 시간은 30년, 혹은 평생이라고 할 수 있습니다.

반격을 대하는
우리의 자세

더딜지라도 멈추지 않고 변화를 이루어 내려는 사람들이 있습니
다. 평등하고 정의로운 사회를 향해 뚜벅뚜벅 걸었던 루스 베이더
긴즈버그나 김복동 할머니를 많은 이가 '위인'으로 기렸죠. 하지만

두 여성은 처음부터 비범한 사람이 아니라 평범한 우리였습니다. 눈앞에 놓인 문제를 중요하게 받아들였고 각자 최선을 다했을 뿐입니다. 이들의 생각과 태도는 비슷합니다. 나의 성공만이 아니라 '우리'를 상상하며 나아갔어요. 차분하게 설득하는 힘이 있었고 생각은 누구보다 진취적이었습니다. 작은 실패에 크게 좌절하기보다 세상은 바뀔 수 있다는 단단한 믿음을 바탕으로 집요하게 매달렸습니다.

긴즈버그가 맞닥뜨렸던 성차별적인 사회, 김복동 할머니가 이겨 내야 했던 성폭력과 이를 둘러싼 편견은 오늘도 반복되고 있습니다. 세상이 진보하려 할 때마다 지금의 통념이 편하고 이득인 사람들은 반발하고 있어요. 그러니 역사는 과거가 아니라 현재입니다. 백래시에 움츠러들어 차별과 폭력의 해소를 미룬다면, 앞으로의 역사는 다르게 쓰일 거예요. 지금 어떤 선택을 하느냐가 우리의 미래를 만든다는 이야기입니다. 차별과 폭력에 저항하려는 일상의 작은 노력은 어쩌면 위대한 역사를 만들어 가게 될 씨앗인지도 몰라요.

더 많은
존재와의
연대

5관

처음부터
다시
시작해

김시원

◇◇

〈옥자〉, 2017
〈모노노케 히메〉, 1997

오늘날 사람들은 대부분 하루에 한 끼 이상 고기를 먹어요. 고기를 넣은 피자나 샌드위치, 삼겹살과 치킨을 즐겨 먹죠. 학교 급식에는 소시지 볶음이나 불고기 같은 반찬이 빠지지 않고 나오고요. 그런데 생각해 본 적 있나요? 이렇게 많은 고기는 어디서 오는지 말이에요.

옛날처럼 풀밭에 소 몇 마리 풀어놓고 기르는 방법으로는 수요를 감당할 수 없습니다. 그래서 사료나 약물을 이용해 더 빨리 더 크게 키워 내죠. 돼지의 경우 억지로 짝짓기를 시키려고 발정제를 먹이거나 몸속에 직접 정액을 넣습니다. 엄마 돼지는 출산 후 한 달이 채 되기도 전에 새끼와 이별하고 강제 임신을 반복하다 더는 임신할 수 없게 되면 도살 당해요. 이런 식의 사육은 마치 공장에서 물건을 만드는 것과 닮았다고 해서 '공장식 축산'이라고 부릅니다. 소, 닭, 오리, 양 등 우리가 입고 먹고 쓰는 데 이용하는 많은 동물이 이렇게 '생산'됩니다.

〈옥자〉는 슈퍼 돼지 '옥자'를 통해 공장식 축산의 현실을 그린 영화예요. 다국적 기업 미란다 그룹이 유전자 조작으로 만든 거대한 돼지 수백 마리를 비좁은 우리에서 기르다 고통스럽게 죽이는 과정을 낱낱이 보여 주죠. 겉으로는 넓은 농장에서 행복하게 자란다고 홍보하지만요.

옥자는 홍보용 슈퍼 돼지였습니다. 새끼 때 '미자'네 집으로 와서 미자와 함께 자라며 우정을 나눠요. 그러나 결국 '소시지'가 될 위기에 처합니다. 미자는 옥자의 흔적을 쫓다 도착한 도축장에서 공장식 축산의 실체를 목격합니다. 돼지들은 줄지어 끌려가고, 머뭇거리거나 반항했다가는 전기 충격기에 몸 이곳저곳이 찔립니다. 조금 전까지 살아 숨 쉬던 돼지들의 목을 자르고, 살을 발라내고, 부위별로 포장하는 일이 쉴 새 없이 이어집니다.

어라? 이 책 분명 페미니즘 영화를 추천하는 내용이라고 했는데 왜 동물에 관한 이야기를 하는 걸까요? 아리송할지도 모르겠지만, 알고 보면 페미니즘과 동물은 관계가 깊습니다.

모든 차별은 닮아 있다

우리는 모두 다릅니다. 자연스럽고 당연한 일입니다. 그런데 다름을 있는 그대로 받아들이지 않고, 무엇이 더 나으며 무엇이 더 못한지 가리는 데서 차별은 시작됩니다. 인간을 흑인과 백인, 여성과 남성, 비장애인과 장애인 등으로 구분 지어 온 오랜 역사처럼요.

모든 차별은 서로 닮았습니다. 밖으로 드러난 모습은 달라도 원인은 같아요. 바로 세상을 둘로 가르고 어느 한쪽이 다른 쪽보다 우월하다고 여기는 사고방식입니다. 강자와 약자, 지배자와 지배받는 자, 정상과 비정상, 더 중요한 쪽과 덜 중요한 쪽으로 나누려는 태도죠. 다름에 우열을 부여하려는 생각에서 비롯된 차별의 화살은 언제든, 누구에게나 향할 수 있습니다. 페미니즘이 성차별과 더불어 다른 모든 존재에 대한 차별을 끝내는 길을 향해 걷는 까닭입니다.

차별의 화살이 나를 비껴가기를 바라는 것을 넘어 차별 자체를 없애려는 노력은 동물에게도 닿고 있습니다. 본래 인간과 동물은 연결되어 있으니까요. 동물도 감정이 있고 고통을 느낍니다. 크게 보면 인간은 동물에 포함되죠. 그런데 동물과 인간을 딱 잘라 구분하고 전혀 다른 존재로 여기면, 연결은 끊어지고 그 자리에 차별이 자리 잡게 됩니다. 동물은 인간보다 덜 중요하다고 생각하게 되는 겁니다.

다른 존재와의 연결이 끊어지는 것을 '타자화'라고 합니다. 쉽게 말해 남처럼, 사물처럼 대하는 거예요. 좁은 우리에 갇혀 괴로워하는 송아지를 보면서도 '내 일은 아니니까' '어차피 고기가 될 테니까' 하고 모른 척 묻어 두는 거죠.

어려서 책에서 본 귀여운 돼지와 불판 위의 고기가 같다는 걸 알게 되었을 때 고기를 먹지 않겠다고 했습니다. 그러자 주위 어른들은 이렇게 말했습니다. "다들 잘만 먹는데 왜 너만 그러니? 돼지는 원래 먹으라고 있는 거야."

고기를 먹기 위해서는 돼지를 타자화해야 합니다. 돼지가 살아 있는 동안 겪어야 했던 아픔까지도요. 영화는 타자화를 이렇게 설명합니다. "이 부위는 고급 레스토랑용 안심이야. 멕시코 사람들은 족발에 환장하고. 볼살과 똥집은 다들 좋아해. 돼지는 죄다 먹을 수 있지."

〈옥자〉에서 옥자와 연결된 사람은 미자뿐입니다. 주변 사람들은 둘을 이용하려고만 합니다. 미자의 할아버지는 옥자를 팔아 돈을 마련하려 하고, 미란다 그룹은 미자와 옥자의 사연을 활용해 슈퍼 돼지를 홍보할 속셈입니다. 동물 보호 운동가들은 미란다 그룹이 벌이는 동물 학대를 세상에 알리기 위해 옥자를 희생시킵니다. 하지만 미자에게 옥자는 그냥 옥자입니다. 아무리 많은 돈을 준대도 옥자와 바꿀 수 없는 까닭입니다.

영화는 끊어졌던 연결을 다시 이어 주려 합니다. 삼겹살이나 목살로만 생각했던 돼지를 살아 있는 생명으로 재현해, 우리의 상식에 균열을 냅니다. 삐뚤빼뚤한 바가지 머리에 빨간 바지를 입고 복대를 찬 여자 어린이 미자. 평범함과는 거리가 먼 이 어린이는 돼지는 죄다 먹을 수 있다는 사람들 틈에서 이렇게 외칩니다. "옥자랑 산으로 돌아갈래요."

페미니즘은 여성과 남성이 다르다는 이유로 여성을 차별해서는 안 된다고 외칩니다. 우리에 갇힌 돼지가 이 말을 듣는다면 이렇게 말하지 않을까요? 동물과 인간이 다르다는 이유로 동물을 차별해서는 안 된다고요.

미자는 옥자와 똑같이 생긴 수많은 슈퍼 돼지 사이에서 옥자를 찾아 헤맵니다. 관객들은 헷갈리기 시작합니다. '옥자를 꼭 찾아야 하는데… 방금 죽은 저 돼지가 옥자가 아니어야 할 텐데…. 그런데 가만, 저 돼지라고 옥자랑 다른가?'

〈옥자〉는 마음을 정해 보라고 합니다. 지금껏 먹어 왔던 '맛있는 고기'가 옥자와 다를 바 없다는 사실을 받아들일 것인지, 옥자도 '맛있는 고기'로 볼 것인지 말이죠. 여러분은 어느 쪽을 선택하고 싶은가요?

에보시의 한계

과거 인간에게 자연은 경이로운 존재였습니다. 스스로 살아 움직이는, 이해할 수 없는 미지의 영역이었습니다. 인간은 자연의 일부였고요. 그러나 근대화가 이루어지면서 사람들은 과학 기술의 발전을 등에 업고 자연을 타자화하기 시작합니다.

영화 〈모노노케 히메〉(원령공주)는 인간과 자연의 연결이 끊어진 세상을 그립니다. 숲을 지키려는 들개의 딸 '산'을 비롯한 동물들과 생계를 위해 숲의 사철(모래 모양의 철광석)을 캐려는 사람들 사이의 날카로운 갈등을 보여 줍니다. 인간은 이 싸움에서 이기고 강자의 위치를 차지하려 치열한 전투를 벌이지만 승자는 없습니다. 자연도 인간도 피폐해질 뿐입니다. 해결책은 하나, 공존입니다. 지배하는 인간과 지배받는 자연이라는 구도를 깨는 겁니다.

이는 환경 운동의 목적이며 페미니즘과도 연결됩니다. 페미니즘은 때로 여성우월주의라는 오해를 받곤 하는데요. 여성의 권리 확대를 말하다 보니 여성이 힘을 독차지하는 사회를 꿈꾸는 것처럼 비춰지는 듯합니다. 하지만 페미니즘은 약자를 강자의 자리에 둬야 한다는 주장이 아닙니다. 누군가는 약자가 될 수밖에 없는 시스템을 바꾸는 것입니다. 강자와 약자의 이분법을 넘어서려는 것입니다.

환경 운동과 페미니즘 운동의 사상을 통합한 이론을 에코페미니즘Ecofeminism이라고 합니다. 각 운동의 뿌리인 생태학(Ecology)과 여성주의(Feminism)를 합친 단어입니다. 에코페미니즘은 인간 중심 사회가 자연을 억압했던 과정이 남성 중심 가부장제 사회가 여성 차별을 정당화하는 과정과 무척 유사하다는 점을 지적합니다.

이성을 가진 인간이 자연을 지배해야 한다고 여기듯, 남성이 여성보다 신체적 특성이나 지적 수준이 높다고 여기며 여성을 차별하고 있다는 걸 짚은 거죠. 그러니 여성 해방과 자연 해방은 한길로 통하는 셈입니다.

에코페미니즘의 관점에서 보면 영화에 등장하는 타타라 마을은 무척 흥미로운 공간입니다. 지도자 '에보시'와 마을 사람들은 무자비하게 숲을 파괴하지만, 마을은 여성에게 잔인한 곳이 아니거든요.

이곳에서는 모두가 어우러져 평등한 공동체를 이루고 살아갑니다. 에보시는 여자들을 마을의 제철소에서 일하게 하죠. 철에 부정이 탄다며 제철소에 여자를 들이지 않던 시절인 점을 생각하면 파격적인 일입니다. 여자들에게 총을 사용하는 방법을 알려 주는 사람도 에보시입니다. 그래서인지 마을 여자들은 기운이 넘치고 당당합니다.

한센병에 걸린 환자들도 마을에서 함께 삽니다. 한센병은 피부에 반점이 생기며 그 부분이 떨어져 나가는 질병인데, 과거에는 이 병이 쉽게 옮는다거나 불길하다고 생각해 환자를 마을에서 쫓아내곤 했습니다. 하지만 에보시는 그들에게 살 곳을 마련해 주고 총기를 개발하는 임무를 맡깁니다.

에보시의 이러한 행동을 위선으로 보기는 어렵습니다. 약자를 차별하지 않고 인권 의식이 높은 인물이란 건 분명해요. 자연에 대한 지배와 억압을 당연하게 여긴 점이 한계인 것이죠.

이제 연결을 상상할 시간

인류 문명은 눈부시게 발전해 왔습니다. 자연의 고통 위에 빚어졌죠. 인간은 건물을 세우기 위해 나무를 베고 산을 깎았습니다. 도로를 만들기 위해 시멘트와 아스팔트로 흙을 덮었고 땅 안팎의 생명은 삶의 터전을 잃거나 죽었습니다. 문물은 어느 때보다 화려하지만, 자연은 그 어느 때보다 깊이 병들어 가고 있습니다.

우리 생활의 거의 모든 것은 환경을 오염시킵니다. 머리를 감고, 설거지하고, 빨래할 때 사용한 화학 세제 찌꺼기는 강으로 흘러들어 물을 더럽힙니다. 가축 밀집 사육으로 각종 바이러스가 퍼지고, 봄이면 인간이 만들어 낸 미세먼지로 하늘이 희뿌옇게 뒤덮입니다. 세계 각지에 폭염과 폭우, 태풍과 가뭄이 밀어닥치는 건 이상한 일이 아닙니다.

기후 위기가 삶 깊숙이 들어오기 전까지 환경 오염은 아주 먼 이야기인 줄 알았습니다. 오랫동안 자연에서 인간을 똑 떼어 낸 결과, 지구가 뜨거워지고 있다지만 피부에 와닿지 않았고 빙하가 녹아 생존의 위협을 받는 북극곰은 그저 불쌍할 뿐이었죠. 이제 사람들은 자연과 인간이 연결되어 있다는 걸 '절실히' 깨닫고 있습니다. 자연을 파괴한 결과는 다시 인간에게 돌아온다는 사실도요.

영화는 이러한 인과를 재앙과 저주로 보여 줍니다. 에보시를 통해, 인간 종 안에서의 차별이 사라지더라도 자연을 계속 억압하는 한 인류 문명이 위험에 처한다는 것을 알립니다.

타타라 마을 사람들이 사철을 가져오기 위해 산을 훼손하자, 산의 주인인 멧돼지신은 분노해 사람들을 공격합니다. 에보시는 멧돼지신을 총으로 쏘아버리죠. 고통에 몸부림치던 멧돼지신은 재앙신이 되었습니다. 재앙신의 저주는 북쪽 변방에 사는 '아시타카'에게로 옮겨 갔고요. 인간이 자연을 향해 겨눈 총구가 다시 인간을 향하게 된 것입니다.

하지만 자연이 보낸 경고는 묵살당합니다. 에보시는 끝내 왕명에 따라 숲을 관장하는 사슴신의 목을 날립니다. 사슴신도 재앙신이 되고, 죽은 사슴신의 몸에서는 검은 액체가 끊임없이 흘러나옵니다. 사슴신이 내린 저주죠. 이 액체에 닿는 모든 것은 생명을 잃어버립니다. 숲은 점차 검은 액체에 뒤덮이고 곧이어 타타라 마을의 집과 제철소도 불에 타거나 바람에 휩쓸려 사라집니다.

전부 끝났다고 생각하는 순간, 재앙이 지나간 자리에 새 생명이 솟아납니다. 아시타카의 저주도 나았습니다. 사슴신을 죽음의 신이라며 무서워하던 마을 사람들은 이 신이 싹을 틔우는 생명의 신이었다는 사실을 알게 되죠. 에보시는 그제야 인간과 자연이 함께 살아가야 한다는 것을 깨닫고 마을 사람들에게 이렇게 이야기합니다. "처음부터 다시 시작해. 더 좋은 마을을 세우자."

우리는 온 세상이 재앙으로 뒤덮이기 전, 인간과 자연이 공존하는 길을 찾을 수 있을까요?

누가 세상을
망쳤지?

김시원

◇◇

〈매드맥스〉, 2015

230년 전, 영국의 페미니스트 메리 울스턴크래프트는 자신의 책 《여성의 권리 옹호》에서 이렇게 주장했습니다. 여성은 남성의 노리개나 장난감으로 창조된 존재가 아니며 남성과 같은 시민이라고요. 지금은 너무나 당연한 이야기죠? 하지만 당시엔 사람들의 비웃음을 샀습니다.

계급과 상관없이 사람이라면 누구나 평등하다는 의식이 퍼지기 시작하던 18세기에도 여성은 남성보다 약하고 열등한 존재였고 남성의 소유물처럼 여겨졌습니다. 여성의 인권을 주장하기란 쉽지 않았어요. 그러나 포기하지 않은 여성들 덕에, 적어도 공적인 자리에서 여성이 남성의 소유물이라고 말했다가는 큰 비난을 받는 사회가 되었습니다.

그렇다면 앞으로 펼쳐질 미래는 탄탄대로인 걸까요? 기다리기만 하면 여성의 지위는 계속해서 향상되고 머지않아 평등한 사회가 도래하는 걸까요? 여기, 사뭇 다른 미래를 그리는 영화가 있습니다.

〈매드맥스〉는 핵전쟁 이후 황폐화된 지구를 배경으로 합니다. 불이 타오르고 피가 난무하는 세상이죠. 생명이라고는 찾아보기 어렵고 마실 물조차 귀한 상황, 하루하루 목숨을 부지하는 데 급급한 형편입니다.

사회 질서는 무너진 지 오래고 사람들은 서로를 약탈합니다. 병자와 장애인, 노인과 여성, 아이들은 더 열악한 처지에 놓여 있습니다. 법도 윤리도 없어 약자들의 안전은 늘 위태롭습니다. 생존을 위해 죽고 죽이는 세상. 영화 〈매드맥스〉가 그리는 100년 뒤의 모습입니다.

진화하는 착취

사막을 질주하는 전투 기계들만 눈에 띄는 이 지옥에서 살아남은 사람들은 군데군데 도시를 이루며 살고 있습니다. 그중 하나가 시타델이죠. 지배자는 잔혹한 독재자 임모탄입니다. '워보이'라 불리는 병사들을 거느리고 전쟁을 일삼으며 여성들을 감금하고 출산과 양육을 강요합니다. 자신이 차지한 권력을 아들에게 넘겨주려는 목적입니다.

아버지와 아들들은 물과 식량을 독점해 사람들을 통제하고 더 큰 부를 축적합니다. 소수의 남성이 자본을 장악하고 다수의 약자를 지배하는 사회 체제는 우리 사회에 깊게 스며든 '가부장제 자본주의'를 떠올리게 하죠.

흔히 자본주의라고 하면 노동하는 남성의 이미지를 그리곤 합니다. 건설 현장에서 근무하거나 고층 빌딩으로 출근하는 모습을 상상합니다. 자본주의 시스템은 남성의 임금 노동으로 유지되는 것처럼 보입니다. 하지만 그건 빙산의 일각일 뿐, 아래에는 가부장제의 도움이 있습니다.

누군가가 집 밖에서 노동에만 집중할 수 있는 건 다른 누군가가 집 안의 노동 전부를 맡은 덕분입니다. 청소를 하고 식사를 준비하며 살림에 드는 돈을 효율적으로 관리하는 일, 아이와 노인은 물론 임금 노동을 하는 사람에 대한 돌봄까지요. 이런 일들은 보통 여성이 담당해 왔죠.

중요한 점은 집 안에서 이루어지는 돌봄 노동이 '공짜'라는 겁니다. 자본주의 시스템이 지속되려면 집 안과 밖의 노동이 모두 필요하고 노동에는 임금이 주어져야 하는데, 가부장제 자본주의는 집 밖의 노동만 생산적인 노동으로 여깁니다. 집 안의 노동은 비생산적인 일, 보이지 않는 노동으로 만드는 거예요. 결국 여성은 남성에 비해 돈을 벌기 어려운 구조가 됩니다. 자본주의가 다시 가부장제를 강화한 거죠.

노동에 정당한 대가를 지불하지 않는 것, 다른 사람을 이용해 자신만 이득을 얻는 것을 '착취'라고 합니다. 시타델 또한 여성을 착취해서 돌아가는 사회입니다. 대표적인 것이 '어머니의 우유', 즉 모유입니다. 먹을 것이 부족한 상황에서 영양분이 풍부한 모유는 중요한 식량 자원일 테죠. 시타델 여성들이 착유 기계에 앉아 '어머니의 우유'를 대량 생산하는 데 동원되는 장면은 동물의 젖을 짜내는 행위를 떠올리게 합니다. 여성들은 말 그대로 착취당하고 있습니다.

한편 건강하고 아름다운 여성은 후계자를 원하는 임모탄에게 성적으로 착취당합니다. '물건'이라 불리며 임모탄의 소유물을 의미하는 정조대까지 차야 합니다. 견디다 못한 다섯 명의 여성은 사령관 '퓨리오사'와 함께 도시를 탈출합니다. 이들이 떠난 자리에는 이렇게 적혀 있습니다. "우리는 당신의 소유물이 아니야."

먼 미래의 이야기가 아닙니다. 성 착취는 과거에도 있었고, 현재도 여전합니다. 오히려 사람도 물건으로 보는 자본주의 사회에서 더욱 심해지고 있습니다. 수법 또한 발전하는 디지털 기술을 바탕으로 악랄해졌습니다. 'n번방'이라 불리는 디지털 성범죄가 그 예입니다. 가해자들은 메신저로 피해자에게 접근한 후 교묘히 협박

해 성 착취물을 손에 넣었습니다. 그러고는 수만 명에게 영상을 판매했습니다.

100년 전 사람들은 21세기를 어떻게 상상했을까요? 자동차가 하늘을 날아다니고 우주를 여행하는 윤택한 삶을 꿈꿨을지도 몰라요. 힘들고 궂은일은 기계가 대신하고 첨단 과학 기술의 혜택을 '모두가' 마음껏 누릴 거라고 생각했을 수도 있고요. 그러나 n번방 사건은 기술이 발전한다고 세상이 저절로 나아지는 건 아니라는 사실을 보여 줬습니다. 우리는 지금도 여성은 소유물이 아니라고 외치는 중입니다.

고통스러운 해방

도망치는 여성들을 추격하는 임모탄 옆에는 그를 광적으로 믿고 따르는 워보이가 있습니다. 이름 그대로 전쟁을 위해 만들어진 존재로, 죽음도 아랑곳하지 않습니다. 체제 유지에 누구보다 적극적으로 앞장서죠. 시타델은 임모탄과 워보이가 지배하는 사회인 듯합니다.

물론, 속사정을 알고 보면 워보이는 지배자라 하기 어렵습니다. 무적의 병사가 아니라 방사능 오염으로 수명이 줄고 질병을 앓는 환자니까요. 전투에 참여하기를 간절히 바라는 이유는 어려서부터 임모탄에게 세뇌되었기 때문입니다. 전쟁터에서 명예롭게 죽으면 전사들의 천국인 '발할라'에 갈 수 있다고요.

시타델의 영원한 승자는 오직 임모탄뿐입니다. 워보이는 기계의 부품처럼 이용되다가 쓸모를 다하면 가차 없이 버려집니다. 안타깝게도 그들은 이 사실을 깨닫지 못했지만요.

퓨리오사는 진실을 알고 있었습니다. 시타델에 끌려와 노예로 살면서도 자신이 태어난 '녹색의 땅'으로 돌아가는 날만을 꿈꿨죠. 무척 고단한 삶이었을 거예요. 하지만 그녀는 자신의 목적을 위해 임모탄이 만든 시스템에 기여했습니다. 신임을 얻어 사령관으로 일했고, 그 자리에 오르기까지 무수한 살생을 반복했을 것입니다. 이 점을 부인할 수는 없습니다.

페미니즘은 남성이든 여성이든 자신이 시스템의 피해자인 동시에 가해자이기도 했다는 고통스러운 사실을 알게 합니다. 그리고 이러한 인식을 거듭하는 과정이기도 하죠.

서른 살이 되기 전에 결혼을 하고 아이를 낳아 가정을 꾸려야 한다고 믿었습니다. 여자는 남자를 잘 만나야 팔자가 편다는 어른들의 말이 삶의 지혜인 줄 알았어요. 화장은 여성이 누리는 특혜고 다이어트는 자기만족이라 생각했고요. 예쁘다는 칭찬을 듣기 위해 부단히도 애썼습니다.

그간 의심해 본 적 없었던 상식을 페미니즘은 모조리 뒤바꿔 놓았습니다. 오래도록 갖고 있었던 욕망이 사실은 사회가 바라는 모습이었다는 걸 일깨웠죠. 그래도 굳은 믿음이 습관처럼 배어 있어 떨쳐 내기 어려웠습니다. 매일같이 제 안의 여성 혐오를 마주했어요. 퓨리오사와 함께 도망친 다섯 여성처럼요.

이들은 자신과 싸워야 했습니다. 사람 취급을 받지 못하더라도 먹을 음식과 몸을 누일 곳이 있었던 시타델로 돌아가고 싶은 마음이 불쑥불쑥 올라왔겠죠. 어쩌면 그곳에 계속 머무는 편이 나았을지 모른다는 불안감도 있었을 거예요. 잘못된 길을 선택한 건 아닐까 하고요. 그러나 이들은 돌아가지 않습니다. 착취의 고리에서 벗어나 자유를 느꼈기 때문입니다.

누구나 참여할 수 있는 행진

퓨리오사 일행은 '부발리니'라 불리는 노년 여성 전사들과 합류합니다. 황량한 지구를 바꿀 씨앗 상자를 품고 혁명을 위한 여정을 시작합니다. 임모탄을 맹신하며 쫓아왔던 워보이 '눅스'도 진실에 눈을 뜹니다. 임모탄은 구원자가 아니고, 발할라는 존재하지 않는다는 것을요. 그리고 마침내 연대합니다.

〈매드맥스〉는 여성의 강인한 의지와 함께, 폭력적인 세상을 무너뜨리고자 하는 약자들의 행진에는 누구든 참여할 수 있다는 걸

WHEEL of FORTUNE.

운 명 의 수 레 바 퀴

보여 줍니다. 소외된 자의 경험과 목소리를 듣고 힘을 합쳐 새로운 시스템을 만드는 방향으로 나아가야 한다는 메시지를 여러 상징과 은유로 전합니다. 희망을 찾아 떠나는 그들이 향하는 곳은 어디일까요? 이 길의 끝에 마침내 구원받을 수 있을까요?

러닝 타임 내내 영화는 광활한 사막을 달리고 또 달립니다. 결말을 알지 못한 채 폭주하는 기관차 같은 모습입니다. 그리고 질문을 던지며 끝납니다. "희망 없는 시대를 떠돌고 있는 우리가 더 나은 삶을 위해 가야 할 곳은 어디인가?" 답은 바로 지금, 여기입니다.

기억하고, 되살리고,
확장하는 시네페미니즘
-

손희정

시네페미니즘은 남성 중심적이고 가부장적인 영화를 비판하는 데서 멈추지 않았습니다. 더 좋은 여성 영화가, 더 많이 나오게 하기 위해 노력했어요. 덕분에 여러분에게 추천할 수 있는 근사한 영화들이 잔뜩 만들어진 거죠.

지워진 이름을 찾아서

시네페미니즘의 관심은 스크린 위에서 어떤 일이 펼쳐지는가에 있었지만 그게 전부는 아니었어요. 새로운 영화가 등장하려면 스크린 밖에서 여성 영화인들이 어떻게 일하고 어떤 환경에서 창작 활동을 하는지 눈여겨볼 필요가 있었죠. 4관에서 소개하고 있는 〈우먼 인 할리우드〉는 이를 잘 보여 주는 작품이에요.

영화는 할리우드의 짧지 않은 역사 안에서 여성 영화인들이 겪어 온 일을 따라가고 있습니다. 초창기에는 여성 감독 등이 꽤 많이 활동했는데, 소리가 들어가는 사운드 영화의 도래와 함께 영화 산업에서 배제되기 시작했다는 이야기가 정말 흥미로워요.

영화가 자본이 많이 투입되고 그만큼 수익이 많이 나는 산업이 되면서, 여성 영화인들은 중심에서 쫓겨났습니다. 여기에서 우리는 두 가지를 확인할 수 있어요. 첫째, 돈이 곧 권력이 되고, 권력이 곧 돈이 되는 자본주의 사회는 가부장제의 남성 연대로부터 자유롭지 않다는 점. 둘째, 여성의 역사는 제대로 기록되지 않는다는 점. 우리가 아는 '영화의 역사'에는 남성의 이름만이 가득한데, 사실 수많은 여성 영화인이 존재했던 거예요. "역사는 언제나 승리한 자들의 역사"라는 말에서 볼 수 있듯이 기록할 수 있는 기회를 가진 이들은 대체로 남성 비평가였고, 여성 영화인의 역사는 제대로 기록되지 못했던 거죠.

시네페미니즘은 1960년대 말 처음 목소리를 내기 시작했을 때부터 지금까지 계속해서 여성 영화인의 역사를 남기고, 기억하는 일에 집중하고 있어요. 〈우먼 인 할리우드〉 역시 그런 소중한 작업 중 하나예요.

'잠자는 숲속의 미녀'를
'말레피센트'로

여성은 언제나 '보이지 않는 인물(히든 피겨스hidden figures)'로 존재해 왔다는 비판은 페미니즘의 오래된 문제의식이기도 합니다. 따라서 여성 영화가 여성 인물과 여성의 역사에 관심을 갖는 건 자연스러운 일이에요.

영화는 주로 '남성의 성장담'을 다루어 왔어요. 남자들은 자기만의 시간을 살고, 모험을 하고, 성장을 하죠. 하지만 여성 캐릭터에게는 시간이 주어지지 않아요. 〈잠자는 숲속의 미녀〉 속 '오로라'처럼 탑 안에 잠든 채로 왕자가 구해 줄 때까지 멈춰진 시간 속에 갇혀 있죠. 왕자는 가시덤불을 헤치고 탑에 도착해 드디어 자신만의 모험을 완수해요. 그리고 미녀-오로라를 트로피로 얻습니다. (이런 상상력을 비판하면서 다시 쓰인 〈잠자는 숲속의 미녀〉가 바로 디즈니에서 제작한 〈말레피센트〉 시리즈예요!)

그런데 한번 짐작해 보세요. 시간 속에서 쌓인 이야기, 그게 뭘까요? 바로 역사입니다. 역사의 주인공이 남성으로만 상상되는 이유가 여기에 있어요. 그래서 여성 영화는 지워진 여성의 역사를 발굴하고 다시 쓰면서 시간을 여성에게 돌려주는 일을 하고 있습니다. 4관에서 만난 〈히든 피겨스〉와 〈루스 베이더 긴즈버그〉, 〈김복동〉처럼요.

영화가 여성의 역사를 쓰는 일은 여성의 미래를 쓰는 일이기도 합니다. 특히 〈김복동〉은 과학자도 아니고 대법관도 아니기 때문에 사회의 주목을 크게 받지 못했지만 반전과 평화라는 위대한 가치를 나눠 온 김복동 선생님의 삶을 보여 줌으로써, 잘 보이지 않는 영웅들을 기억하게 해요. 역사의 의미 자체를 다시 생각하게 만들죠.

역사적인 인물이 아니라 허구의 인물이라 하더라도, 미디어가 새로운 여성상을 보여 주는 건 생각보다 큰 영향을 줍니다. 얼마 전 〈우먼 인 할리우드〉를 제작한 미국의 '미디어 속의 젠더 연구소'는 '스컬리 효과'를 소개했는데요. (스컬리는 미국 드라마 〈X 파일〉(1933~2002)의 주인공이에요. 물리학을 공부하고 법의학을 전공한 박사입니다.) 과학, 기술, 공학, 수학 분야에서 일하는 여성의 50퍼센트가 스컬리 덕분에 과학 기술에 관심을 갖게 되었다고 해요. '여자아이는 언어와 감성에 능하고 남자아이는 수학과 이성에 능하다'는 식의 편견이 강한 사회에서 여성이 과학 분야에 진출하기 쉽지 않았지만, 스컬리라는 롤 모델이 나타나면서 여자아이들이 과학자가 되는 꿈을 꾸기 시작한 거죠. 그리고 이 아이들은 자라서 여성 과학자가 되었어요!

서로를 존중하는
세계를 향해

한편 5관에서는 다양한 히어로를 만날 수 있었습니다. 영화 〈옥자〉에서 뛰어난 신체적 능력과 공감 능력을 지닌 미자는 슈퍼 돼지 옥자를 살리기 위해 고군분투하고, 〈모노노케 히메〉의 산은 인간과 자연의 공생을 위해 움직이죠. 〈매드맥스〉의 전사 퓨리오사는 여자들을 구하고, 종내에는 인류를 구하는 싸움을 시작합니다.

우리가 주의 깊게 살펴봐야 할 것은 이 여성 영웅들이 '나 자신만'을 구하고자 하지 않는다는 점이에요. 그들은 힘을 갖지 못한 사람들, 착취당하는 동물들, 그리고 자연과 함께하면서 세상을 바꾸기 위해 노력합니다. 시네페미니즘에서는 이렇게 확장하는 여성 영화를 '소수 영화로서의 여성 영화'라고 해요.

'소수 영화'는 이 세계를 지배하고 있는 관습적인 언어에 안주하지 않습니다. 그 언어를 조금씩 비틀고 오염시키면서 다른 언어를 만들어 가요. 남자/여자, 인간/동물, 문명/자연, 이성/감성, 비장애/장애 등 세상을 끊임없이 두 개로 나눠서 한쪽이 다른 한쪽을 '지배'할 수 있다고 말하는 게 아니라, 이분법적 경계를 넘어 서로가 서로를 존중하며 공존하는 세상을 꿈꾸는 영화를 지향합니다. 이게 바로 앞에서 소개했던 시네페미니즘의 네 번째 입장이랍니다.

책에 나온 영화들을 보면서 이런 새로운 영화에 대한 상상력을 넓힐 수 있기를 바라요.

에필로그

epilogue

달 라 도
괜찮다고
말 하 기

열일곱 편의 영화로 만든 이야기들 중 무엇이 가장 인상 깊었는지 궁금합니다. 혹시 마음에 남았던 이야기가 있다면, 생각해 보세요. 여러분의 상황이나 감정을 대신 읽고 이해해 주는 것 같아서는 아닌지 말이에요.

마음을 살펴 주는 이가 곁에 없을 땐 외로움을 느끼기 마련이죠. 저희가 그랬습니다. 어릴 적, 어른들은 여자애답지 못한 행동이나 모습에 잔소리를 하셨어요. "목소리가 남자애들보다 커서 어떡해." "여자앤데 못나게 살이 쪄서 어쩌니."

좀 더 자라서 일상 속 먼지같이 작은 차별들에 불편해하면 그 감각을 부정하는 대답이 돌아오곤 했습니다. "에이, 왜 그렇게 예민하게 생각해?" 가능성을 깎는 말도 들었죠. "네가 그걸 할 수 있을까?

견딜 수 있겠어?"

《볼 영화 없는 날》은 그때의 저희처럼 마음 읽어 주는 이가 필요한 여러분에게 하고픈 말을, 영화를 빌려 했습니다.

달라도 괜찮아요.

그건 특별함이기도 하니까.

세상의 기준에 지지 말고

자신을 있는 그대로 바라보고 사랑해 줘요.

아끼는 관계일수록 불안해지기 쉬운 게 당연하죠.

너무 두려워 마세요.

보이지 않는 권력에 민감해지고,

약자의 목소리에 귀 기울여 줘요.

우리는 무엇이든 될 수 있습니다.

용기 내어 지금껏 없던 길을 새로 내 봐요.

세상은 태연한 얼굴로 편견과 차별이 상식인 것처럼 말하곤 합니다. 그럴 때마다 자신의 감정과 선택을 굳게 믿고 계속 자신답게 지낼 수 있기를, 나아가 다른 존재를 환대할 수 있기를 바라며 이 책을 썼습니다.

읽다가 흥미를 느꼈던 영화가 있다면 감상해 보세요. 마음 맞는 친구와 같이 보고 대화를 나눠도 좋겠습니다. 함께한 시간들이 용기가 되어, 차이를 이유로 누군가를 배척하는 사회에 맞설 작은 힘이 되어 줬으면 합니다.

여기서 멈추지 않고 볼 만한 영화를 찾아 나서길 기대할게요. 우리의 세계를 더 풍부하게 만들어 줄 아름다운 이야기를 많이 길어 올리기를!

또 다른 볼 만한 영화들

◇◇◇◇◇◇◇◇◇◇◇◇◇◇◇◇◇◇◇◇◇◇

◇

〈우리들〉, 2016

어려서 좋겠다는 속 편한 소리는 접어 두세요.
어린이의 삶도 복잡 미묘하고 어려운 일투성이랍니다.

◇

〈소공녀〉, 2018

집은 없어도 취향은 확고한 청년, 미소.
내 생각과 방식을 누가 함부로 재단할 수 있나요?

◇

〈우리는 매일매일〉, 2021

젊은 날 함께 페미니즘을 외쳤던 친구들,
지금은 어떻게 살고 있을까?
우리의 페미니즘은 멈춘 적 없었다.

◇

〈박강아름 결혼하다〉, 2021

비혼주의자(였던) 남편과 페미니스트 아내의
좌충우돌 결혼 도전기.
우리 잘 살 수 있을까?

◇

〈정직한 후보〉, 2020

거침없고 솔직하고 당당한 중년 여성 정치인 등장!
정치 세계와 가부장제를 넘나들며
쉴 새 없이 풍자하는 블랙 코미디 영화.

〈여배우는 오늘도〉, 2017
배우 문소리를 찾는 러브콜은 끊긴 지 오래지만,
딸, 며느리, 엄마, 아내를 찾는 목소리는 끊이지 않는다.
하지만 18년 차 배우 문소리, 포기하지 않고 오늘도 달린다!

〈칠곡 가시나들〉, 2019
"글자를 아니까 사는 기 더 재미지다."
배움의 기쁨을 알아 가는 칠곡의 할머니들.

〈69세〉, 2020
나는 여성이고,
69세이고,
성범죄 피해자입니다.

〈에놀라 홈즈〉, 2020
셜록 홈즈의 여동생이 아니라, 에놀라 홈즈라고 불러 주세요.
제 인생의 주인공은 저니까요.

〈캡틴 마블〉, 2019
내가 원했던 게 이거잖아.
강인한 여성의 몸 사리지 않는 액션 영화!

또 다른 볼 만한 영화들

〈서프러제트〉, 2015

그들은 왜 창문을 부수고 수류탄을 던져야 했을까?
여성 참정권 운동의 뜨거운 역사를 조명한다.

〈밤쉘: 세상을 바꾼 폭탄선언〉, 2019

앵커 그레천 칼슨, '언론 권력의 제왕'을 성폭력으로 고소하다.
세상을 바꾸는 짜릿한 역전극!

〈시크릿 슈퍼스타〉, 2017

노래하려면 부르카를 써야 했던 100만 유튜버.
소녀는 마침내 부르카를 벗고 가수가 될 수 있을까?

〈리틀 포레스트〉, 2018

엄마의 레시피를 통해
엄마를 그리고 나를 이해해 갑니다.

〈카모메 식당〉, 2006

여자 셋이 모이면 접시가 깨진다고요?
이 식당에선 사연 많은 여자 셋이 요리를 합니다.
음식으로 전하는 따뜻한 위로.